# *Noches misteriosas en Granada*

**Chapter Art by**
**Irene Jiménez Casasnovas**

**Cover design by**
**Kristy Placido**

## Written by
## Kristy Placido

Edited by
Carol Gaab

ISBN: 978-1-935575-28-3

Fluency Matters, P.O. Box 11624, Chandler, AZ 85248

info@FluencyMatters.com

D1021429

## A NOTE TO THE READER

This comprehension-based reader contains basic level-one vocabulary and countless cognates (words that are similar in two languages), making it an ideal read for beginning students.

All words used in the reader are listed in the glossary. In addition, cultural vocabulary and any vocabulary that would be considered beyond a 'novice-low' level is footnoted at the bottom of the page where it occurs. Footnoted words are also listed in the glossary.

You may have already noticed that there are two versions to this story, a past-tense version and a present-tense version. You may choose to read one or the other, or both. Whatever version you choose, we encourage you to focus on enjoying the story versus studying the tense in which it is written.

We hope you enjoy the reader!

# Índice

TO READ THIS BOOK IN
PRESENT TENSE,
TURN BOOK OVER AND READ
FROM BACK COVER.

# Capítulo 1
## Un día de bien y de mal

Kevin Fowler estaba contento. Estaba contento porque era el día de su graduación. Era una ocasión para celebrar. Kevin celebraba su graduación y celebraba otro evento fantástico: ¡Kevin iba a ir a España! Iba a estudiar en España durante junio, julio y agosto. En dos días se iba a ir y estaba súper emocionado.

Kevin estaba en su dormitorio. Kevin miró su dormitorio. Todo estaba en orden. Su ropa, su computadora y sus papeles estaban en orden.

Todo estaba perfecto. A Kevin le gustaba el orden. Su dormitorio era perfecto y su ropa era perfecta. En las clases, Kevin era perfecto. Era obvio que Kevin era un chico perfecto.

Kevin miró su computadora. Tenía una computadora Macbook. Era una Macbook perfecta. Él se comunicaba con sus amigos en Facebook. Se comunicó por unos minutos y modificó su estado:

**Estado: *Kevin Fowler tiene una vida perfecta. Se gradúa y se va para España en dos días.***

La mamá y el papá de Kevin estaban divorciados. Kevin vivía con su mamá, Sandy y su padrastro[1], Mike. Vivían en Alma, Michigan. Kevin tenía una relación perfecta con su padrastro y tenía una

---

[1]*padrastro - stepfather*

relación perfecta con su padre. Generalmente, visitaba a su padre en Pennsylvania en diciembre y en julio.

Kevin estudiaba mucho y sacaba buenas notas[2] en la escuela. Según la opinión de sus profesores, Kevin era perfecto. Tenía muchos amigos. Era el presidente de su clase. Jugaba al tenis muy bien y tenía muchos trofeos de tenis. Tenía muchos trofeos en su dormitorio y en la escuela.

Su novia, Tanya Webber, era una de las chicas más guapas y populares de la escuela. Tanya era la chica perfecta. Tanya y Kevin tenían una relación perfecta: En octubre fue con Tanya al baile de Homecoming y ellos dos fueron el rey y la reina[3] de Homecoming. En noviembre, ya eran novios inseparables. Para Navidad[4], Kevin le dio un iPod a Tanya con toda la música que le gustaba. El día de San Valentín, Kevin le dio rosas a Tanya y Tanya le dio chocolates a Kevin. En abril, fueron al baile de Prom en una limusina y fueron los más guapos

[2]*sacaba buenas notas - he got good grades*
[3]*el rey y la reina - the king and queen*
[4]*Navidad - Christmas*

del baile. Y finalmente era el día de su graduación. Kevin estaba contento con su vida perfecta.

Kevin continuó mirando Facebook. Miró los comentarios de sus amigos y notó que Tanya había modificado su situación sentimental. ¡Ella modificó su situación sentimental a 'soltera[5]'!

*¡Soltera! ¿Soltera? ¿Cómo que soltera? ¡Ella era su novia!* Tanya no había mencionado ningún problema. Kevin estaba muy mal en ese momento. Quería llorar. Quería gritar. Quería destruir la computadora. Kevin le gritó «¿¡Por qué!?» a la computadora. La computadora no le respondió.

Kevin decidió llamar a Tanya por teléfono: «ring ring»... «Hola, soy Tanya, si eres mi amigo, habla y si no eres mi amigo, ¡no hables!... ¡Biiiiiiip!». Kevin no habló. Quería llorar. Estaba triste, enojado y confundido. No era posible. Kevin y Tanya. Tanya y Kevin. Perfectos. ¡No era posible!

> – ¡Kevin! –le gritó su mamá–. ¡La casa es un desastre! ¡Por favor! ¡Ayúdame!

[5] soltera - single

A Kevin le gustaba la perfección, pero ahora no le importaba si la casa era un desastre. Kevin tenía problemas más serios en ese momento. No tenía novia y se iba a ir a España en dos días. No quería ayudar a su mamá, pero tampoco quería problemas con ella.

– Perdón, mamá –respondió Kevin.

Kevin fue a ayudar a su mamá. Fue silenciosamente. No habló. No le explicó la situación a su mamá. Kevin quería llorar. Necesitaba hablar con Tanya. Quería una explicación. En ese momento él estaba enojado. Se dijo: «¡Soltera! ¡Facebook! ¡Es terrible!».

Kevin ayudó a su mamá en la casa y después salió de la casa. Miró su teléfono celular. No tenía ningún texto de Tanya.

Kevin decidió que necesitaba hablar con su amigo, Dylan. Dylan no era perfecto. La vida de Dylan era muy diferente a la vida de Kevin. Los padres de Dylan no estaban divorciados, pero necesitaban un divorcio, en la opinión de Dylan. Sus padres gritaban mucho. Dylan no era perfecto en la escuela como Kevin. Dylan no estudiaba. Él era un buen muchacho, pero las notas de Dylan eran terribles, a excepción de la clase de español. Dylan tenía una B- en la clase de español.

La ropa de Dylan no era perfecta. Su ropa era un poco fea. Dylan compraba su ropa en un mercado de ropa usada que se llama Goodwill. A Dylan no le importaba la ropa. Dylan tenía muchos amigos. Hablaba mucho y era muy cómico. Era muy popular e iba a muchas fiestas. Dylan iba mucho con sus amigos al parque de patinaje[6] con su patineta[7]. Dylan no tenía problemas con las chicas. No tenía problemas románticos. Muchas chicas admiraban a Dylan. Dylan no tenía novia, pero muchas chicas lo admiraban. Kevin llamó a Dylan por teléfono: «Riiiing, Riiiiiiiiiiing».

– ¿Sí? –dijo Dylan.

– Dylan, soy Kevin.

– ¡Holaaaaaaaaaa! ¿Qué pasa? Es increíble que nos vamos a España en dos días, ¿no? ¡Cuarenta y ocho horas! Hay un parque de patinaje fenomenal en Granada.

[6]*parque de patinaje - skate park*
[7]*patineta - skateboard*

¡Quiero visitarlo con mi patineta! –gritó Dylan en el teléfono.

– Dylan, no quiero hablar de tu patineta. Tengo problemas. Tanya ya no quiere ser mi novia. Estoy enojado y confundido. Vi en Facebook que ella modificó su estado a soltera. Ella no me responde los textos.

– Eso es terrible. Pero, mira, hay más chicas en España. Y vas a Nueva York en septiembre. Tanya no importa.

– Gracias, Dylan. Me ayudas mucho. Estoy muy bien ahora –respondió Kevin sarcásticamente.

– ¡No hay problema! ¡Chao!

«Clic»

**Estado: *Kevin Fowler va a España en dos días.***

# Capítulo 2
## Una familia rara

Era el ocho de junio. Kevin y Dylan iban al aeropuerto. Kevin tenía muchas preguntas para Dylan.

> – ¿Tienes tu pasaporte? ¿Tienes libros para leer en el avión? ¿Tienes tu diccionario de español-inglés? ¿Cómo se llama la calle donde vas a vivir? ¿Tienes la direc-ción[1] de tu familia? ¿Piensas que sabe-

[1] dirección - address

8

mos suficiente español?

– ¡Kevin! –se rio Dylan–. ¡Relájate! Todo
   está bien, hombre, estás conmigo. Vamos
   a abordar el avión. ¡Adiós, Michigan!

Abordaron el avión. En el avión, Kevin miró el
papel que tenía la información de su familia en
España. Kevin imaginó una mamá y un papá.
Imaginó a sus tres hijos; dos chicos y una chica
pequeña. Uno de los chicos tenía diecinueve años
y tenía muchas amigas solteras. En su fantasía, una
de las amigas miró a Kevin y quería ser su novia.
Ella era la chica más guapa de España. Era más
guapa que Tanya.

– ¡Hombre! ¡Mira! ¡El Océano Atlántico!
   –dijo Dylan interrumpiendo la fantasía
   de Kevin.

Kevin realmente no tenía mucha información
de la familia en España. Solo tenía la dirección de
la casa en Granada. La dirección estaba en una
calle en la zona del Sacromonte². Dylan iba a vivir

---

²Sacromonte - a neighborhood of the city of Granada,
Spain

con una familia diferente en una calle diferente. La familia de Dylan vivía en una calle cerca de la universidad en donde iban a tomar clases. Kevin estaba muy nervioso, pero Dylan no estaba nada nervioso. Kevin no comprendía a Dylan. Iban a vivir con familias en España y Dylan no estaba nervioso. Dylan escuchaba el iPod, cantaba y miraba por la ventana.

Cuando llegaron al aeropuerto de Granada, Kevin y Dylan miraron a todas las personas. Había una familia que tenía un papel con el nombre de Dylan. En la familia había una mamá, un papá y tres hijos. Dos chicos y una chica pequeña. El chico más grande tenía diecinueve o veinte años. ¡Era la familia de la fantasía de Kevin! ¡Pero no era la familia de Kevin! Era la familia de Dylan.

Había una mujer que tenía un papel con el nombre de Kevin. La mujer era muy pequeña, frágil y anciana. No había un papá. No había hijos. Solo había una mujer vieja. Su pelo era blanco. Sus dientes no eran blancos. Se llamaba María Jesús.

Kevin dijo: «Hola, soy Kevin». La mujer vieja le dio dos besos. Kevin quería vomitar porque la mujer era muy vieja y su perfume era muy fuerte. Pero sabía que era costumbre besar a las personas en España. Miró a Dylan. Dylan se iba con su familia en un Mercedes. Dylan dijo: «¡Hasta luego, Kevin!».

Kevin se fue con María Jesús en un taxi. Fueron al Sacromonte. Era una zona famosa porque era donde vivían muchos gitanos³. En la zona del Sacromonte había muchos gitanos que no vivían en casas normales. Vivían en cuevas⁴. Kevin no sabía si María Jesús era gitana. María Jesús caminó a una cueva. La cueva tenía una puerta normal y dos ventanas, pero era una cueva. Cuando Kevin entró en la cueva, él vio que era similar a una casa normal.

– Siéntate –le dijo María Jesús.

Kevin se sentó en la mesa. María Jesús tenía mucha comida en la mesa. Había mucha comida

³gitanos - gypsies; Romani people
⁴cuevas - caves

típica de España. Había paella[5]. La paella es una comida muy tradicional en España. Todo estaba muy bueno. A Kevin le gustó la comida. La paella era diferente. Había carne en la paella, pero Kevin no sabía exactamente lo que era. Kevin comía y María Jesús hablaba. Ella no tenía preguntas para Kevin. Ella hablaba y hablaba de su vida. No tenía esposo. Su esposo había muerto hacía veinte años[6]. Tenía tres hijos, pero los hijos eran grandes y tenían familias. Ella tenía fotos de su esposo y de sus hijos. Kevin comía, escuchaba y miraba las fotos.

Kevin estaba muy contento con la comida. María Jesús puso más comida en la mesa. Kevin no quería comer más, pero no quería ofender a María Jesús.

Kevin comió más. Escuchó la puerta «¡criiiic!». María Jesús se levantó.

> – Ay, ¡Alfonso llegó! –dijo María Jesús contenta.

[5]*paella - a dish consisting of rice, vegetables and meat or seafood*

[6]*hacía veinte años - twenty years ago*

Un muchacho entró en la casa. «¿Quién es Alfonso?», se preguntó Kevin. «¿Es el hijo de María Jesús? Pero ella no mencionó a un hijo llamado Alfonso».

Alfonso tenía un halcón en la mano. Alfonso tenía un animal pequeño en la otra mano. Alfonso dijo:

– Mira, ¡el halcón capturó un conejo[7]!

Kevin vio que el muchacho tenía un conejo. Kevin gritó como una chica pequeña cuando vio el conejo. Estaba muerto. Kevin estaba disgustado y sorprendido. En su casa en los Estados Unidos su mamá compraba la carne en el supermercado. En los Estados Unidos, ¡un halcón no capturaba la carne! Ahora sabía que la carne de la paella era conejo. Kevin no quería comer conejo. Pero él sabía que había comido conejo en la paella.

---

[7]conejo - rabbit

13

Alfonso miró a Kevin y se rio.

– Hola, soy Alfonso. ¿No te gustan los halcones?

– Hola, soy Kevin. Perdón. El halcón es muy bonito. Me sorprendió.

María Jesús se rio y le dijo a Kevin:

– Alfonso es un buen chico.

Ella lo besó en la cara y siguió hablando de Alfonso:

– Alfonso ha vivido conmigo durante veinte años. Me ayuda mucho. No es mi hijo pero me ayuda mucho.

– María Jesús, estás confundida. He vivido contigo durante dos años, no veinte –dijo Alfonso.

María Jesús tenía una cara confundida, no respondió y salió.

– No escuches a María Jesús –Alfonso le dijo a Kevin–. Ella es muy vieja y está confundida. No tengo familia. Estudio en la universidad y vivo aquí con María Jesús. Ella me necesita y yo necesito una casa.

Kevin comió un poco más. Alfonso miró a Kevin.

> – Kevin, ¿por qué tienes la mano debajo de la mesa? ¿Qué haces? ¿Me vas a atacar con una espada[8]?

Ahora, Kevin estaba confundido.

> – ¿Atacarte con una espada? No soy pirata. No hago nada. Solo estoy comiendo.

> – Aquí en España no ponemos las manos debajo de la mesa cuando comemos –le respondió Alfonso.

Alfonso desapareció con el halcón. Kevin pensó: «*Está bien entrar con un halcón y un animal muerto, ¿pero yo no puedo poner la mano debajo de la mesa? ¡Espada! ¡Qué familia más loca!*». Kevin se fue a su dormitorio.

**Estado: Kevin Fowler vive con una vieja confundida, un muchacho raro y un halcón. Mi vida nueva no es ninguna fantasía.**

---

[8]*espada - sword*

# Capítulo 3
# El tenista loco

A la mañana siguiente[1] Kevin estaba contento porque en la mesa había café, fruta y cereales. No había conejos en la mesa. Kevin comió cereales y tomó café. Alfonso llegó a la mesa con ropa blanca y una raqueta de tenis. La ropa era blanca y los dientes de Alfonso también eran perfectamente blancos.

[1]*siguiente - following*

– ¿Juegas al tenis? Yo también juego al
tenis –comentó Kevin.

– Es obvio, ¿no?

A Kevin no le gustaba Alfonso. Quería humillar a Alfonso en la cancha[2] de tenis. Kevin pensó:
«*Voy a destruir a Alfonso. Ja, ja, ja*».

– En mi escuela soy el tenista número uno.
Recibí un trofeo de mi escuela.

Alfonso se rio.

– Ah, ¿sí? Pues, qué interesante –respondió
sarcásticamente–. ¿Quieres jugar hoy?

– Hoy... posiblemente. Tengo planes con
mi amigo Dylan y su amigo Lucas.

Alfonso tomó su café y miró a Kevin.

– Dylan y Lucas contra tú y yo. Dobles –se
rio Alfonso otra vez.

Kevin le mandó un texto a Dylan y todos fueron al club de tenis. Alfonso era miembro del club.
En el club de tenis, muchas personas le dijeron
«hola» a Alfonso. Alfonso era muy popular. Las
personas en el club se rieron cuando miraron a los

[2]*cancha - court*

17

chicos americanos. Dylan no tenía una raqueta, pero Alfonso le dio una. Kevin sí tenía una raqueta.

Fueron a la cancha de tenis y jugaron. Alfonso era muy atlético y jugaba muy bien. Era rapidísimo y atacaba la pelota de tenis. Kevin, Dylan y Lucas miraban a Alfonso. Jugaba como un loco. Los otros muchachos corrían mucho y se cansaban[3] mucho, pero Alfonso corría mucho y no se cansaba. Por fin, Kevin dijo:

– Alfonso, ¡un momento! Quiero tomar agua. Estoy cansado.

– Pobre Kevin. ¿No eres un experto en el tenis? ¿Estás cansado? No estoy nada cansado. Qué triste. ¿Dónde está tu trofeo ahora? –dijo Alfonso sarcásticamente.

Ahora, Kevin estaba un poco enojado. Kevin pensó: «*¡Vamos a ver quién es el experto en tenis!*».

– ¡Vamos! ¡Vamos a jugar! –gritó Kevin.

Dylan y Lucas miraron a Kevin con enormes ojos.

[3]*se cansaban - they got tired*

18

– Hombre, estás loco. Ese chico no es mortal. Es una bestia. Es un monstruo. No juego más –dijo Dylan.

Alfonso se rio.

– Ja, ja, ja Pobres chicos. Están muy cansados. ¡Vamos Kevin! ¡Tú y yo!

Kevin se levantó y caminó otra vez a la cancha de tenis. Alfonso sirvió la pelota. La pelota llegó con mucha fuerza, directamente a la nariz de Kevin.

– ¡Ay! –gritó Kevin.

Dylan y Lucas vieron que a Kevin le salía mucha sangre[4] de la nariz. Alfonso no dijo nada, pero miró a Kevin con ojos muy enojados. No le dijo «perdón» a Kevin, ni lo ayudó, solo lo miró. Él miró la sangre que le salía de la nariz a Kevin y se rio.

[4]*sangre - blood*

19

Kevin miró a Alfonso, pero no se rio. Estaba enojado y le dolía[5] la nariz. Kevin se tocó la nariz y notó que le salía mucha sangre de la nariz. Kevin se miró la sangre que tenía en la mano y quiso vomitar. No le gustaba nada la sangre. La sangre le disgustaba mucho.

Dylan y Lucas corrieron para ayudar a Kevin. Alfonso ya no estaba. Desapareció. Dylan le miró la nariz a Kevin y exclamó:

– ¡Ay Kevin, tu nariz! ¿Te duele mucho?

La nariz le dolía mucho, pero Kevin no quería admitirlo enfrente de Alfonso. Le respondió muy valientemente:

– No pasa nada[6]. No me duele.

Kevin no vio a Alfonso y les preguntó a Dylan y a Lucas:

– ¿Dónde está Alfonso?

– No sé –le respondió Dylan.

**Estado: Kevin Fowler vive con un tenista loco.**

[5]*dolía - it hurt*
[6]*no pasa nada - nothing is wrong, it is ok*

# Capítulo 4
## La chica del café

Al día siguiente, Kevin caminó por la calle y fue a la plaza llamada Plaza Nueva. Dylan estaba en la plaza. Dylan comió un bocadillo[1] de jamón. Cuando Dylan vio a su amigo, sonrió mucho, lo que era normal para Dylan. Kevin no sonrió. Kevin estaba de mal humor. No le gustaba la familia con la que vivía y no le gustaba la casa. Kevin pensó que era una casa de locos. Dylan, por el contrario, estaba de muy buen humor y no notó que Kevin

[1]*bocadillo - sandwich*

estaba de muy mal humor. Dylan sonrió y le dijo a Kevin:

– Mira este bocadillo. Es delicioso. Mi familia prepara mucha comida y toda la comida es fantástica.

Dylan no notó que Kevin estaba de mal humor. No notó que Kevin no le respondió. Dylan siguió hablando:

– Mi 'hermano' Lucas, es increíble. Fuimos a la discoteca muchas noches y bailamos con muchas chicas. Son las amigas de Lucas. ¡Las chicas aquí son guapísimas! En mi dormitorio hay televisor, computadora y Xbox. ¡¡¡Me gusta mucho mi casa!!!

Cuando por fin Dylan respiró, Kevin lo miró y le dijo:

– No me gusta mi familia. Son raros. Viven en una cueva. Alfonso no va a la discoteca y no es mi hermano. ¡Él es un muchacho loco! ¡Es un tenista loco! Mira mi nariz, ¡está muy inflamada!

Kevin tenía la nariz muy roja. Él estaba de

muy mal humor. A él no le gustaba estar en casa con su familia loca, pero en dos días Kevin y Dylan iban a ir a las clases de la universidad. Kevin quería ir a las clases para escaparse de su familia rara.

Kevin y Dylan decidieron explorar la ciudad un poco. Caminaron unos veinte minutos. Querían tomar un café en Starbucks®. Necesitaban un poco de cafeína. No vieron ningún Starbucks, pero vieron un café. Entraron en el café.

Kevin notó que había una chica en el café con una computadora. Tenía una computadora Mac-book. A Kevin le gustaban mucho las computadoras Mac. También miró a la chica. Era guapa. Tenía una cara bonita. Tenía los ojos  grandes y verdes. Tenía el pelo negro y un poco desordenado. La chica miró a Kevin con curiosidad.

– Hola –le dijo la chica.

– Hola… Perdón… Yo miraba tu computadora. Tengo esa computadora en casa.

– Ah, y ¿de dónde eres?

– Soy de los Estados Unidos, del estado de
Michigan.

– Michigan… ¿Está cerca de[2] Nueva York o
está cerca de Hollywood?

Kevin se rio.

– No está cerca de nada. Mi ciudad es
pequeña y rural. Hay animales y agricultura. No hay muchas ciudades grandes.
Pues, soy Kevin. ¿Cómo te llamas?

– Me llamo Soraya. Mucho gusto.

– Hola, ¡soy Dylan! –interrumpió Dylan.

– ¡Mucho gusto, Dylan! –dijo Soraya.

En ese momento, Kevin escuchó una voz
familiar. Un muchacho dijo:

– ¡Hola, Soraya! ¿Qué tal?

Kevin vio que era Alfonso. Alfonso besó a
Soraya.

[2]*cerca de - close to, near*

– Hola Alfonso. Te presento a mi nuevo amigo, Kevin.

Alfonso miró a Kevin y se rio.

– Ah, sí, Kevin. Es mi hermanito de América –dijo Alfonso mirando a Kevin–. Soraya es una amiga de la escuela.

Era obvio que Alfonso pensaba que era superior. Alfonso sonrió y le dijo a Kevin con un tono sarcástico:

– Kevin, ¿por qué tienes la nariz tan roja? ¡Ja, ja, ja! Soraya, ¿tú sabes que Kevin juega al tenis? En los Estados Unidos él tiene un trofeo. ¡Ja, ja, ja!

A Kevin no le gustaba Alfonso. Era muy raro y antipático. Kevin quería irse.

– Pues, yo tengo que llamar a mi mamá ahora. ¡Vamos, Dylan! Hasta luego –dijo Kevin.

Soraya se levantó y le dio dos besos a Kevin. Kevin se puso un poco nervioso y su cara chocó con la cara de Soraya.

– ¡Uy! –dijo Soraya.

– ¡Perdón! –dijo Kevin.

– Está bien, no pasa nada –se rio Soraya.

Alfonso se rio también y a Kevin no le gustó eso nada.

– Dale un beso a tu mamá de mi parte, Kevin –dijo Alfonso sarcásticamente.

Kevin no respondió. Solo pensó: *«¡¿Tengo que llamar a mi mamá?! ¡¿A mi MAMÁ?! ¿Esa es mi excusa para irme? ¡Soy tonto! ¡Idiota!»*. Kevin salió del café con Dylan. Él pensaba en su excusa tonta y no miró el tráfico. «¡Biiiiiiiiiiip!».

– ¡Kevin! ¡Mira por dónde caminas, hombre! –le gritó Dylan.

Un taxi casi lo mató[3] en la calle porque no miraba por dónde caminaba. Kevin vio a Alfonso en la ventana del café. Alfonso lo miró y se rio.

**Estado: Kevin Fowler hoy casi se murió[4] porque es muy tonto. ¡Pero está contento porque hoy habló con una chica fantástica!**

---

[3]*casi lo mató - almost killed him*
[4]*casi se murió - he almost died*

## Capítulo 5
## Un libro interesante

El lunes, Kevin fue a la universidad. Kevin tenía una clase con Soraya, Alfonso y Dylan. Era una clase de literatura española.

Kevin no comprendía bien a su profesor. Él hablaba muy diferente a su profesora de español en Michigan. Soraya y Alfonso escuchaban con atención y escribían notas. Dylan se durmió y no escuchaba nada. Eso era normal para Dylan. No dormía mucho por la noche, pero dormía en sus clases. Sus amigos decían que él era un vampiro porque dormía mucho por el día y casi no dormía por la noche.

El profesor hablaba de la historia de Granada y de La Alhambra. Había mucha historia en

Granada. Era una ciudad muy vieja. La Alhambra era una fortaleza y un palacio, y también tenía jardines elegantes. La Alhambra era una estructura enorme y muy famosa, ¡y estaba en Granada!

El profesor hablaba y Alfonso respondía a todas las preguntas. El profesor sonrió y dijo: «Alfonso, ¡tú eres un estudiante increíble!». Alfonso sonrió con satisfacción y miró a Kevin. Kevin pensó: *«¡Alfonso piensa que es muy superior! ¡Qué imbécil[1]!»*.

El profesor le hizo una pregunta a Kevin y Kevin no comprendió. Kevin miró a Dylan, pero Dylan dormía. Kevin no dormía, pero no importaba, no sabía nada. No comprendía nada. El profesor se rio y dijo: «Por favor Alfonso, ayuda a Kevin». Alfonso respondió y miró a Kevin con triunfo.

Al final de la clase, Kevin caminó hacia Dylan. Dylan se levantó y le dijo:

– ¡Qué buena siesta[2]!

Kevin le contestó:

[1] *imbécil - imbecile, idiot*
[2] *siesta - nap*

28

– Pues, yo necesito una siesta. Yo no dormí en la clase, pero no importa. No comprendí nada en esta clase. ¡Pero tú dormiste y el profesor no te habló!

Kevin quería hablar con Soraya, pero no era posible. Ella salió de la clase con Alfonso. Kevin pensó que probablemente ella quería ser la novia de Alfonso. Pensó: «*Alfonso es guapo, inteligente y perfecto. Soy tonto, tengo la nariz roja, no comprendo nada y cometo muchos errores. ¿Qué me está pasando? ¡Mi vida no es nada perfecta!*».

Al final del día, Kevin y Dylan salieron de la escuela y caminaron por la zona de la ciudad llamada Albaicín. Era el barrio[3] de los moros[4]. Era muy diferente a otras partes de la ciudad. Los chicos exploraron el mercado. Había mucha ropa, mucha comida y mucha música. Era muy interesante.

Kevin vio un libro que se llamaba 'Cuentos de la Alhambra', por Washington Irving. Kevin pensó que era interesante porque Washington Irving era

[3]*barrio - neighborhood*
[4]*moros - Moors (Islamic people from Northern Africa)*

un autor de los Estados Unidos que escribió un libro sobre La Alhambra en España. ¡En el libro dicen que Irving vivió en La Alhambra! Kevin quería el libro. Pensó que el libro podía ayudarle con su clase. Dylan le mandó un texto a Lucas. Dylan no tenía interés en los libros. En pocos minutos, Lucas llegó con su patineta. Dylan tenía su patineta y ellos fueron al parque de patinaje.

Pero Kevin no fue al parque de patinaje. Kevin compró el libro y fue a una plaza. Se sentó y leía. Le gustaba el libro. Pero cuando leyó el libro, tuvo una sensación rara. Era como si una persona lo estuviera[5] mirando. Le gustaba el libro, pero no le gustó la sensación. Kevin miró a todas las personas en la plaza. Nadie lo estaba mirando. Quería leer el libro en la casa. Salió de la plaza y se fue a la casa.

**Estado: Kevin Fowler no se durmió en la clase (como Dylan), pero no comprendió nada.**

[5]estuviera - were

30

# Capítulo 6
## Una noche de flamenco

Kevin iba a la universidad todos los días. Ahora comprendía un poco más en las clases. Dylan no comprendía mucho porque dormía durante las clases. Kevin era un buen estudiante, no dormía en las clases y ahora comprendía un poco más.

En la casa, todo era muy raro. María Jesús preparaba buena comida. Kevin no sabía lo que comía. No quería saber si la comida era del supermercado o si era comida capturada por el halcón. Alfonso no le hablaba mucho. Era un muchacho muy raro.

Alfonso hablaba mucho con Soraya en las clases, pero él no hablaba con Kevin. Soraya hablaba con Kevin cuando Alfonso no estaba. A Kevin le gustaba ser amigo de Soraya. *¿Posiblemente podría ser más que su amigo?*

Por la noche, Kevin veía que Alfonso no dormía mucho. Alfonso salía de la casa todas las noches. Kevin tenía curiosidad, pero no quería hablar con Alfonso. Kevin se preguntaba: *«¿Adónde va? ¿Va a capturar animales con el halcón?»*.

Una noche, al final de junio, Kevin no dormía, leía el libro. Kevin escuchó la puerta «¡criiiic!» y miró por la ventana. Vio que Alfonso salió de la casa. Alfonso caminaba por la calle con el halcón.

Kevin decidió investigar. Quería saber adónde iba Alfonso por las noches. Probablemente no iba a la discoteca, porque caminaba con el halcón. Kevin caminaba por la calle. Caminaba silenciosamente porque no quería que Alfonso lo viera[1].

[1] *que lo viera - to see him*

Alfonso entró en otra casa. Era una cueva. Kevin escuchó música en la cueva. Era música flamenca[2]. Silenciosamente, Kevin caminó hacia la ventana de la casa. Miró por la ventana. Kevin vio que había muchas personas en la cueva.

Había una mujer que bailaba y cantaba flamenco. Había un hombre que tocaba la guitarra. Soraya también estaba en la cueva. Soraya sonreía y escuchaba la música. Alfonso estaba con Soraya, pero no sonreía. Tenía el halcón en la mano. El halcón era muy raro, y Alfonso era muy raro. Kevin no comprendía por qué Soraya era amiga de Alfonso.

Alfonso miró en dirección a la ventana y vio a Kevin. Kevin vio que los ojos de Alfonso eran negros y estaban enojados. La cara de Alfonso estaba enojada.

En ese instante, Kevin tuvo un problema. Tuvo un problema con la cabeza. Su

[2]*música flamenca - flamenco music*

cabeza estaba muy mal. Le dolía mucho. Kevin no podía ver. Todo estaba negro. Kevin se sentó en el suelo y ya no miró por la ventana. Ya no le dolía la cabeza y ahora, él podía ver otra vez.

Kevin tenía miedo, pero miró por la ventana otra vez. La mujer seguía cantando y bailando y el hombre seguía tocando la guitarra. Soraya sonreía y miraba a los bailarines de flamenco. Alfonso sonreía también, pero no miraba a los flamencos. Alfonso miraba a Kevin por la ventana. El halcón también miraba a Kevin. Kevin miró a Alfonso y miró al halcón. Kevin vio que los ojos del halcón eran muy negros y estaban enojados. Los ojos de Alfonso eran muy similares a los ojos del halcón. Todo era muy raro. Kevin se preguntó: «¿Alfonso me causó el problema con la cabeza y con los ojos?». En ese momento, Kevin tuvo mucho miedo. Quiso correr y escapar.

Rápidamente, el halcón escapó de la mano de Alfonso y fue hacia la ventana. El halcón miró a Kevin con ojos enojados y en ese momento, Kevin tuvo otro problema con la cabeza. ¡Le dolía mucho! Otra vez, Kevin no podía ver. Quería correr, pero no podía moverse. ¡Estaba paralizado! ¡Qué terror! Kevin se imaginó que escuchaba la voz de Alfonso: «Te voy a matar». Kevin no sabía si era su imaginación o si era realidad. Él quería gritar «¡Ayúdenme!», pero no podía hablar. Kevin tenía mucho miedo y entonces, hubo un completo silencio. Estaba inconsciente...

Por fin, Kevin abrió los ojos. No era de noche, era de día. Kevin miró hacia la calle, y miró hacia la casa. Él no estaba enfrente de la casa con la música flamenca, ¡estaba enfrente de la casa de María Jesús!

Kevin se tocó la nariz. Se miró la mano y vio sangre. Tenía sangre en la mano y había sangre en la calle. Kevin se levantó. Estaba confundido y tenía miedo. No quería entrar a la casa. No sabía si Alfonso estaba en la casa. Kevin miró por la ventana y no vio a Alfonso ni a María Jesús. Silenciosamente, Kevin entró a la casa y muy cansado, caminó hacia su dormitorio.

**Estado: *Kevin Fowler piensa que está en una película de terror.***

## Capítulo 7
## Las tres princesas bonitas

Kevin fue a su dormitorio y se durmió. No quería salir de su dormitorio porque no quería ver a Alfonso. Por fin, Kevin salió de su dormitorio. Vio a María Jesús, pero Alfonso no estaba. María Jesús no comentó sobre la condición de la cara de Kevin. Kevin sabía que su cara se veía terrible[1] y se preguntó: «¿Quién…, o qué, me atacó?».

Kevin se fue para la universidad, pero no vio a Alfonso. Kevin habló con Soraya pero ella no mencionó a Alfonso. Kevin pasó mucho tiempo con

[1] *se veía terrible - he looked terrible*

Dylan porque no quería estar en la casa cuando llegara Alfonso.

Por la noche, Kevin se durmió, pero no durmió bien. Él se imaginó que Alfonso entraba a la casa y lo mataba. Kevin se imaginó que escuchaba: «Te voy a matar». ¿Era solo su imaginación?

Cuando Kevin caminaba por la calle, se imaginó que vio a Alfonso y al halcón. Pero en realidad, Alfonso no estaba. Alfonso había desaparecido[2].

Kevin no había visto a Alfonso por tres días. Era sábado. María Jesús no hablaba de Alfonso. Era una situación muy rara. Un día, Kevin fue al refrigerador por una Coca-cola. Había tres botellas en el refrigerador. En las botellas había un líquido rojo. Kevin tomó una de las botellas y leyó: «SANGRE». Kevin quería vomitar. ¿Por qué había botellas de sangre en el refrigerador? Esta familia estaba loca. Kevin puso la botella en el refrigerador y María Jesús entró.

– Buenos días Kevin.

– Buenos días señora.

[2]*había desaparecido - he had disappeared*

– Kevin, voy a preparar una comida muy buena hoy. ¿Ves las botellas en el refrigerador?

Kevin no quería responder. Pensó: «*Esta mujer está loca*», pero le respondió:

– Sí, yo vi[3] las botellas.

María Jesús continuó:

– Es sangre.

– ¿¡SANGRE HUMANA!? –gritó Kevin.

María Jesús se rio y le dijo:

– No chico, es sangre de animal. Voy a preparar morcilla[4]. Es una especialidad de Granada. Es deliciosa.

– Ah, deliciosa –Kevin le respondió sarcásticamente–. Bueno, voy a mi dormitorio. Voy a leer mi libro.

Disgustado, Kevin se fue a su dormitorio.

**Estado: Kevin Fowler piensa que no es normal preparar una comida con sangre.**

[3]*vi - I saw*
[4]*morcilla - blood sausage*

Kevin tomó su libro *Cuentos de la Alhambra* y lo leyó. No leía rápidamente porque el libro estaba en español, pero lo comprendía. Para Kevin, el libro era muy interesante:

### La leyenda de las tres princesas bonitas

Un rey moro quería una esposa. Consultó a un astrólogo. El astrólogo le dijo que él iba a tener una esposa cristiana. Un día, el rey vio a muchos prisioneros que estaban caminando. Uno de los prisioneros era una muchacha cristiana que era muy bonita. Cuando el rey vio a la muchacha, él supo que ella era la muchacha perfecta para ser su esposa, la reina.

La muchacha cristiana no quería ser la esposa del rey, pero no tenía otra opción. Ella no podía decirle que no. Ella era una prisionera. Era preferible ser una reina que una prisionera. La reina bonita tuvo tres bebés, trillizas[5] idénticas, tres chicas muy bonitas. Se llamaban Zorahayda, Zoraya, y Zayda. El rey quería un chico, pero solo tuvo tres chicas.

Cuando la reina tuvo a las trillizas, ella

[5]*trillizas - triplets*

murió. El rey consultó a un astrólogo. El astrólogo le dijo: «Su Majestad, estas chicas son muy bonitas. Para un papá, las hijas bonitas causan muchos problemas y tres hijas bonitas causan muchos más problemas. Ahora no hay problema, pero cuando tengan quince años, va a ser necesario cuidarlas mucho».

Cuando las trillizas tenían quince años, el rey y las tres chicas salieron de su casa y se fueron a Granada. Había una fortaleza en Granada que se llamaba La Alhambra. Las trillizas y su padre se fueron caminando con sus sirvientes. Caminaron por mucho tiempo. El rey no permitía que las personas, especialmente los hombres, miraran a sus hijas. Si un hombre miraba a una de las chicas, la consecuencia era la muerte[6].

Un día, ellos vieron a unos soldados moros. Los soldados tenían a unos prisioneros cristianos. En el

[6]*muerte - death*

grupo de prisioneros, había tres muchachos cristianos. Eran trillizos idénticos. Tenían dieciséis años y eran muy guapos.

El rey estaba furioso porque los soldados y los prisioneros miraban a sus hijas. El rey los quería matar a todos con su espada. Levantó la espada, pero las tres princesas gritaron: «Papá, *¡No!* ¡No mates a los muchachos!». En la confusión, las tres chicas revelaron sus caras. Los tres chicos miraron las caras de las chicas y, al instante, las chicas guapas capturaron los corazones de los chicos.

El rey vio las caras tristes de sus hijas. No mató a los soldados y no mató a los prisioneros. Un capitán habló con el rey y le dijo: «Su Majestad, no es buena idea matar a los prisioneros. Son los hijos de un hombre español muy importante. Su padre es muy importante y tiene *mucho* dinero. Posiblemente, Su Majestad puede recibir mucho dinero por los chicos».

El rey pensó por un momento: «Bueno, no mato a los muchachos, pero ellos no pueden mirar a mis hijas ni hablar con ellas. Los muchachos tienen que trabajar mucho para mí. Pueden trabajar en mis jardines».

Todos continuaron caminando y por fin, llegaron a La Alhambra, donde las chicas iban a vivir solas. Pasaron muchos días y no vieron a otras personas. Solo vieron a una sirvienta; una mujer vieja que había sido la sirvienta de su mamá. Las chicas tenían un palacio bonito, ropa bonita, animales, flores y buena comida, pero las chicas estaban muy tristes y aburridas porque no había otras personas. Las chicas querían ver a los muchachos guapos, los prisioneros cristianos, pero no sabían dónde estaban.

Un día, las chicas le dijeron a la sirvienta vieja: «Por favor, necesitamos música. Estamos aburridas».

La sirvienta vieja sabía que los tres muchachos guapos trabajaban en un jardín y que cantaban y tocaban la guitarra. La mujer vieja respondió: «Los tres muchachos trabajan en un jardín aquí. Su música es increíble. Cantan muy románticamente».

Las tres chicas pensaron en los tres chicos y sus corazones cantaron: «bidi bidi bom bom». Una de las princesas, Zorahayda, dijo: «Por favor, ¿podemos escuchar la música de los chicos?».

La mujer vieja tenía miedo del rey, pero quería que las princesas estuvieran contentas. La mujer vieja fue al guardia de los prisioneros y le dio dinero. El guardia permitió que los muchachos trabajaran en otro jardín, debajo de la ventana de las princesas.

Cuando los muchachos estaban debajo de la ventana, cantaban y tocaban la guitarra, y miraban a las princesas en la ventana. Por tres días, los muchachos les cantaron y les tocaron música romántica a las princesas, pero las princesas estaban en una prisión en La Alhambra.

Con las imágenes de las princesas, los muchachos cristianos, el rey y La Alhambra en la cabeza, Kevin puso el libro en el suelo y se durmió.

# Capítulo 8
## ¿Quieres bailar?

Kevin durmió muy bien. Estaba durmiendo cuando escuchó «Diiiin, diiiin». Era su teléfono celular. Dylan le mandó un texto a Kevin. «¡Es SÁBADO! ¿El Camborio? ¡Chicas guapas! A las 10».

El Camborio era una discoteca. Dylan y Lucas iban a bailar a El Camborio mucho. Dylan hablaba mucho de todas las chicas que querían bailar con él. Dylan era un 'Don Juan[1]' americano. El

[1] Don Juan - a "ladies' man"

Camborio era una discoteca interesante porque se podía salir a una terraza[2] para ver La Alhambra de noche. Era impresionante.

Kevin salió para la discoteca y le dijo «adiós» a María Jesús. Afortunadamente María Jesús no le ofreció morcilla. Kevin caminó unos minutos y entonces, llegó a la discoteca.

Kevin entró en la discoteca, pero no vio a Dylan ni a Lucas. No había muchas personas en la discoteca porque solo eran las diez. Más personas llegaban a las once o a las doce. Kevin se sentó en una mesa. A las once, Kevin vio a una chica con pelo negro. Ella estaba bailando con un grupo de chicas. ¡Era Soraya! Kevin decidió invitar a Soraya a bailar.

- ¡Hola, guapa!

- ¡Kevin! ¡Hola! ¿Estás aquí con Alfonso?

- No, no he visto a Alfonso en muchos días. Alfonso y yo no somos amigos exactamente. Pienso que Alfonso quiere matarme –respondió Kevin.

- ¡Kevin! ¡No hablas en serio! ¿Alfonso?

[2]terraza - terrace

45

¡Es un buen muchacho!

Kevin no quería hablar más de Alfonso.

– ¿Quieres bailar conmigo? –le preguntó a
Soraya.

– ¡Sí! Me gusta mucho la música. Vamos a
bailar.

Kevin y Soraya bailaron por cuarenta minutos.
Dylan le mandó un texto a Kevin: «¿Dónde
estás?». Kevin no respondió al texto. No le importaba Dylan en ese momento. Estaba con Soraya,
estaban bailando, y Alfonso, el idiota, no estaba.

Soraya dijo:

– Kevin, vamos a la terraza. Podemos mirar
La Alhambra. Es muy bonita de noche.

Fueron a la terraza. La Alhambra era muy
bonita. Kevin dijo:

– Estoy leyendo un libro ahora que se
llama *Cuentos de La Alhambra*. Hay una
leyenda de tres princesas que vivían en
La Alhambra.

Soraya no miró a Kevin. Miró al suelo y respondió:

– Es solo un cuento.

Soraya no habló más. Solo miró La Alhambra. Tenía una cara muy triste en ese momento y Kevin no comprendía por qué. Soraya le dijo:

> – Perdón, Kevin, pero voy a casa ahora. Nos vemos[3] en la universidad. Adiós.

Kevin pensó que era un poco raro. Era la una. Las personas normalmente se iban a las casas a las cinco o seis de la mañana. ¿Estaba ofendida? Kevin pensó en Tanya. *¿Posiblemente Kevin ofendía a todas las chicas? ¿Era un idiota que no sabía hablar con una chica?*

Kevin salió de la discoteca y fue a su casa. Estaba cansado pero no quería dormir. Tomó el libro y leyó más:

Un día las tres princesas fueron a la ventana para ver a los muchachos y escuchar la música romántica. Los muchachos no estaban debajo de

---

[3]*nos vemos - We'll see each other (See you later)*

la ventana como siempre. Las chicas corrieron hacia la mujer vieja y le preguntaron dónde estaban los muchachos con las guitarras. La mujer vieja les dijo: "Su padre llegó con mucho dinero para el rey. El rey aceptó el dinero y le dio[4] los muchachos a su padre. Ahora los muchachos van a su casa".

Las princesas estaban muy tristes. Fueron a su dormitorio y lloraron. Lloraron por tres días. Hablaron con la mujer vieja. La mujer vieja les dijo que había una posibilidad. Los tres muchachos le ofrecieron dinero al guardia. Con el dinero las princesas podían escapar de La Alhambra y ser las esposas de los muchachos.

Las princesas estaban muy contentas. Querían escapar de la prisión de La Alhambra. Era un palacio bonito y elegante, pero era una prisión para las tres muchachas.

La noche del escape llegó. Las princesas corrieron de La Alhambra. Pero una de las princesas, Zorahayda, no escapó porque tenía mucho miedo. Zoraya y Zayda escaparon para tener una vida feliz, pero la pobre Zorahayda murió en La Alhambra, triste y sola.

[4]*le dio - gave to him/her*

48

# Capítulo 9
## Una noche misteriosa

El lunes, Kevin fue a la universidad. Habló con Dylan y Lucas y les preguntó:

– ¿Dónde estaban el sábado?

– Bailamos en la discoteca 'Diez'. Decidimos que no queríamos bailar en El Camborio –respondió Dylan.

– Pues, yo bailé con Soraya.

– ¡Hombre! –gritó Dylan–. ¡Tú eres el

hombre! ¿La besaste[1]?

– No.

– ¿Pero no la besaste? ¿Por qué? ¿Tenías miedo?

– No, tonto, ¡no tenía miedo! –gritó Kevin con frustración.

– ¿Alfonso estaba en la discoteca?

– No. Era todo muy raro –explicó Kevin–. Ella y yo bailamos y todo estaba muy bien. Pero cuando yo le hablé de un libro, ella no quiso hablar más. Ella salió para su casa.

Dylan pensó por un momento y dijo:

– En mi opinión, los libros son aburridos. Es posible que ahora ella sepa[2] que tú eres un hombre aburrido.

A Kevin no le gustó la opinión de Dylan, pero «¿era posible que Dylan tuviera razón[3]?».

[1]la besaste? - did you kiss her?
[2]sepa - knows
[3]tuviera razón - was right

Por la noche, Dylan y Lucas fueron a la discoteca otra vez. Invitaron a Kevin, pero Kevin no quería bailar. Estaba de mal humor.

Kevin fue a su dormitorio porque no quería hablar con María Jesús. Se sentó en la cama y abrió su Macbook. Miró en Facebook y vio que Tanya tenía un novio diferente. Cuando leyó eso, se puso de muy mal humor.

A las doce de la noche, Kevin estaba navegando en Internet, cuando escuchó la puerta. ¡Criiiiic! *¿Era Alfonso?* Kevin no quería más problemas con Alfonso, pero también tenía mucha curiosidad. Decidió salir para investigar.

Kevin salió silenciosamente. ¡Criiiiic! *¡Puerta estúpida!* Vio que Alfonso caminaba por la calle en dirección a la discoteca El Camborio. Probablemente iba a bailar con Soraya. Kevin pensó: «*Soy tonto. Soy idiota. Soraya no me quiere. Quiere un muchacho como Alfonso. Él es más guapo que yo, y más inteligente*».

Alfonso no entró en El Camborio. Caminó en dirección a La Alhambra. Kevin vio La Alhambra.

Kevin pensó en la pobre Zorahayda.

Cuando Alfonso llegó a La Alhambra, Kevin vio que había una chica en una ventana de La Alhambra. ¡Era Soraya! Soraya estaba en La Alhambra. *Pero, ¿cómo era posible? No permitían que las personas entraran en La Alhambra por la noche.* El halcón de Alfonso estaba en la ventana con Soraya. *¡Qué raro!*

Alfonso no entró en la estructura. Miró a Soraya, que estaba en la ventana, y sonrió. En ese instante, Alfonso levantó la mano y su halcón llegó a ella. Alfonso tomó una rosa de una planta en el jardín, le dio la rosa al halcón, y el halcón fue a la ventana. El halcón se sentó con Soraya y le dio la rosa. Kevin vio que la ropa de Soraya era diferente. Era ropa vieja. *¿Qué pasaba? ¡Era una situación loca! ¿Por qué estaba Soraya en La Alhambra por la noche con ropa vieja? ¿Por qué le dio una rosa Alfonso?*

Pero la situación se puso más rara[4]. ¡Alfonso cantaba! Le cantaba románticamente a Soraya.

---

[4]*se puso más rara - became more strange*

Ahora Soraya tenía una cara muy triste. Kevin vio que Soraya estaba llorando y pensó: «*¿Por qué está llorando Soraya? ¿Por qué no sale ella de ahí?*».

Kevin quería ayudar a Soraya, pero en ese instante sus ojos se conectaron con dos ojos enojados. Los ojos de Kevin se conectaron con los ojos del halcón de Alfonso. Kevin sintió un terror inexplicable. El halcón gritó y Kevin no pudo hablar ni moverse.

Alfonso ya no cantaba. Solo miraba a Kevin y sus ojos eran más negros que la noche. En ese instante, la cabeza le dolió mucho y Kevin sintió una presencia misteriosa cerca de él, en el jardín.

# Capítulo 10
## Las dos Sorayas

Kevin estaba en el jardín y estaba paralizado de miedo. Estaba solo en el jardín, pero no se sentía solo. Kevin miró las rosas y escuchó intensamente. ¡¿Quién estaba en el jardín?! De repente[1], Kevin sintió un dolor fuerte de cabeza. Él dijo con voz de desesperación: «Uy..., ayúdame...». Kevin escuchó un sonido raro y prestó atención. El jardín de rosas se convirtió en un jardín de la muerte. Las rosas eran negras, estaban muertas. Había un

[1] de repente - suddenly

líquido rojo que salía de las rosas. *¿Era sangre?*

La situación era intolerable y ¡Kevin estaba aterrorizado! Las rosas agarraron a Kevin. Las rosas hacían sonidos, sonidos de serpientes: «ssss-ssss». Las rosas se convirtieron en serpientes y agarraron a Kevin fuertemente. Kevin gritó.

Una muchacha gritó también. Kevin miró a la muchacha. No era Soraya la de la ventana de La Alhambra. ¡Era Soraya, pero estaba enfrente de él! No tenía ropa vieja. Tenía ropa moderna. Kevin miró a las dos Sorayas. Tenía mucho miedo y estaba muy confundido.

La Soraya "moderna" gritó:

– ¡Alfonso, no!

– Voy a matarlo.

– ¡No!

– No tengo otra opción. Él sabe mis secretos.

Soraya estaba desesperada y le gritó a Alfonso.

– No, Alfonso. Kevin es inocente. No mates a un muchacho inocente. Mi padre no te mató, y tú no puedes matar a Kevin.

Kevin pensó: *«¿El padre de Soraya? ¿Matar a Alfonso? Estoy en una situación loca».*

Alfonso estaba loco y agarró a Kevin. Lo agarró por el cuello[2] y lo miró intensamente. Kevin no podía respirar y Alfonso sonrió. Soraya gritó:

– ¡No! Si tú matas a Kevin, tú sabes que vas a continuar matando. Matar es una adicción para nosotros. ¡No lo hagas[3]!

Kevin estaba aterrorizado. Gritó:

– ¡Ayúdenme! ¡Policía! ¡Un loco quiere matarme!

La Soraya que estaba en La Alhambra gritó ahora:

[2]*cuello - neck*
[3]*no lo hagas - don't do it*

– ¡Alfonso! Por favor, no mates al chico.

Matar al chico no va a resolver nuestros problemas.

Alfonso miró a la chica en La Alhambra. La Soraya "moderna" le dijo a Kevin:

– Vamos, Kevin.

Soraya agarró la mano de Kevin y los dos corrieron. Alfonso no los miró y no corrió. Alfonso miró a la chica que estaba en La Alhambra. Miró a la chica como si estuviera[4] en un trance hipnótico. Soraya y Kevin corrieron a una plaza pequeña y se sentaron. Soraya le tomó la mano y le dijo a Kevin:

– ¿Estás bien, Kevin?

– Sí –respondió Kevin, un poco nervioso.

La situación era increíblemente rara, pero a Kevin le gustaba que Soraya le estuviera tocando la mano.

– Soraya, ¿Qué...? ¿Cómo...? No comprendo...

Kevin estaba muy confundido y frustrado. No

---

[4]*como si estuviera - as if he were*

sabía qué preguntar. Necesitaba una explicación.

– Kevin –le dijo Soraya–, es una historia
increíble. La leyenda de tu libro… no es
una leyenda. Es la historia de mi familia.
La chica de La Alhambra…

Kevin interrumpió.

– ¡Sí! ¡La muchacha de La Alhambra! ¡Eres
tú!

Kevin pensó por un momento. Entonces,
exclamó:

– ¡Tú no te llamas S-O-R-A-Y-A, te llamas
Z-O-R-A-Y-A!

– Exacto.

– Pero, no comprendo… la historia es del
pasado. Los moros salieron de Granada
en el año mil cuatrocientos noventa y
dos (1492).

– ¡Muy bien, Kevin! –Zoraya exclamó– ¡Tú
sabes la historia de Granada! Yo tengo
seiscientos veintidós (622) años.

– ¡No es posible!

– Kevin, escúchame –respondió Zoraya

59

con mucha paciencia–. Mi hermana
Zorahayda es la chica de La Alhambra.
Ella no escapó con Zayda y conmigo.
Ella tenía mucho miedo de salir por la
ventana y no salió. Ella está muerta
ahora. No podía vivir tan triste. Mi hermana es un espíritu. No puede escapar
de La Alhambra. Mi padre, el rey, no permite que escape.

Kevin se puso triste cuando escuchó a Zoraya.

– ¿Tú hermana se murió?

– Sí. Mi hermana no escapó. Ella se murió
porque estaba muy triste. Cuando mi
padre vio a mi hermana muerta, se suicidó. Ahora, los espíritus de mi hermana y
de mi padre están en La Alhambra para
siempre. Mi padre tiene a mi hermana
atrapada.

– ¿Y tú? ¿Estás muerta? ¿Eres un espíritu? –
preguntó Kevin.

– No exactamente. Alfonso y yo somos
inmortales. Ni estamos muertos ni estamos vivos. Cuando Alfonso y yo escapa-

mos de La Alhambra, unos soldados de
mi padre atacaron a mi grupo. Un solda-
do me atacó con su espada y atacó a
Alfonso. Nos salió mucha sangre, y estábamos casi muertos. Estuvimos en condición crítica. Mataron a mi novio,
Alejandro, el hermano de Alfonso. Una
mujer vieja nos ayudó. Fuimos[5] con ella
al Sacromonte, y entramos en una cueva.
En la cueva, la mujer nos salvó. Ella no
era doctora, pero nos ayudó con una
poción. Nos convirtió en inmortales. No
podemos[6] morir, y no podemos vivir.

– Y, ¿dónde están tu otra hermana y el otro
hermano de Alfonso?

– ¿Zayda y Alfredo? Es una historia feliz.
Ellos escaparon con vida. Vivieron muy
contentos y murieron viejos con seis
hijos.

Kevin vio que ahora Zoraya y él estaban

---

[5]*fuimos - we went*
[6]*no podemos - we can't*

enfrente de la casa de Kevin. Kevin miró su teléfono celular y vio que eran las cinco de la mañana.

> – Es una historia increíble. ¿Podemos hablar más?
>
> – Ahora, no. Alfonso me necesita. Tengo que consolarlo. Él no puede aceptar que Zorahayda esté atrapada. Es una situación difícil, como puedes imaginar. Podemos hablar más otro día. Buenas noches, Kevin. Tú eres un muchacho increíble.

Zoraya le dio un beso a Kevin en la cara. Kevin se tocó la cara. Pensó que Zoraya también era increíble. Era la chica perfecta…, pero Kevin no sabía si podía tener un futuro con una muchacha inmortal. Lo que sí sabía era que quería ver a Zoraya otra vez.

**Estado: Kevin Fowler realmente necesita visitar a un psiquiatra. Está completamente loco.**

## Capítulo 11
## La noche final

Al día siguiente, Kevin y Dylan entraron en la clase de literatura española. Alfonso y Zoraya no llegaron a la clase. Kevin le explicó la rara situación a Dylan, pero Dylan pensó que Kevin estaba loco.

Kevin no vio a Alfonso en todo el día. Por la noche, Alfonso no llegó a la casa y Kevin decidió hablar con María Jesús:

– ¿Señora?

– Sí, Kevin, siéntate. ¿Quieres comer?

– No, gracias, no tengo hambre. Tengo una pregunta.

María Jesús sonrió y le respondió:

– Sí, dime.

– ¿Fue Ud. la mujer que ayudó a Zoraya y a Alfonso cuando los soldados les atacaron?

María Jesús estaba sorprendida.

– ¿Cómo sabes esta historia?

– Zoraya me explicó la situación una noche. Pero ahora Zoraya no va a clase y Alfonso no viene a casa.

– No, Alfonso no viene a casa ahora. Pero un día…

María Jesús miró por la ventana.

– ¿María Jesús? –preguntó Kevin–. ¿Ud.
ayudó a Zoraya y a Alfonso?

María Jesús tenía cara de confusión.

– ¿Quiénes son Zoraya y Alfonso? –le respondió.

Era obvio que María Jesús, o no quería responder, o estaba completamente loca. Kevin no le preguntó más.

El resto del semestre, Zoraya no fue a clase,
Alfonso no estaba en la casa, y María Jesús no
mencionaba a Alfonso más.

El final del semestre llegó y Kevin y Dylan
tenían que salir para Michigan. En la noche final,
Kevin estaba en su dormitorio, empacando su
ropa. Miró el libro *Cuentos de la Alhambra*. Ahora
era un libro muy especial. Kevin miró el libro.
Miró La leyenda de las tres princesas. En el libro,
había unos pétalos de rosa. Tomó los pétalos y vio
que también había una nota en el libro. La nota
decía:

Kevin,
   tú eres perfecto.
Un día vas a capturar
   el corazón de una
princesa. Tu amiga,
   eternamente, Z.

**Estado: Kevin Fowler tiene una vida muy interesante.**

# Glosario

## A

**a** - to
**abordar** - to board
**abordaron** - they boarded
**abril** - April
**abrió** - s/he opened
**aburridas** - bored; boring
**aburrido(s)** - bored; boring
**aceptar** - to accept
**aceptó** - s/he accepted
**adicción** - addiction
**adiós** - goodbye
**admiraban** - they admired
**admitirlo** - to admit it
**adónde** - to where
**aeropuerto** - airport
**afortunadamente** - fortunately
**agarraron** - they grabbed
**agarró** - s/he grabbed
**agosto** - August
**agricultura** - agriculture
**agua** - water
**ahí** - here
**ahora** - now
**al** - to the

**Albaicín** - a neighborhood in Granada
**Alhambra** - a fortress/palace in Granada
**americano(s)** - American(s)
**amiga(s)** - female friend(s)
**amigo(s)** - friend(s)
**anciana** - ancient, old
**animal(es)** - animal(s)
**año(s)** - year(s)
**antipático** - mean
**aquí** - here
**astrólogo** - astrologer
**atacar** - to attack
**atacaron** - they attacked
**atacarte** - to attack you
**atacó** - s/he attacked
**atención** - attention
**aterrorizado** - terrified
**atlántico** - Atlantic
**atlético** - athletic
**atrapada** - trapped
**autor** - author
**avión** - airplane
**ayuda** - s/he helps
**ayúdame** - help me
**ayudar** - to help

**ayudarle** - to help him/her
**ayudas** - you help
**ayúdenme** - help me
**ayudó** - s/he helped

# B

**bailaba** - s/he danced
**bailamos** - we dance
**bailando** - dancing
**bailar** - to dance
**bailaron** - they danced
**baile** - dance
**bailé** - I danced
**barrio** - neighborhood
**bebés** - babies
**besa** - s/he kisses
**besar** - to kiss
**besaste** - you kissed
**besó** - s/he kissed
**beso** - I kiss
**beso(s)** - kiss(es)
**bestia** - beast
**bien** - fine, well
**blanca** - white
**blanco** - white
**bocadillo** - sandwich
**bonita(s)** - pretty
**bonito** - pretty
**botella(s)** - bottle(s)

**buena(s)** - good
**bueno(s)** - good

# C

**cabeza** - head
**café** - café, coffee
**cafeína** - caffeine
**calle** - street
**calmarse** - to calm down
**cama** - bed
**cambiado** - changed
**caminaba** - s/he was walking
**caminar** - to walk
**caminaron** - they walked
**caminas** - you walk
**caminó** - s/he walked
**cancha** - court (sport)
se **cansa** - s/he gets tired
se **cansaba** - s/he got tired
se **cansaban** - they got tired
**cansado(s)** - tired
**cantaba** - s/he sang
**cantan** - they sing
**cantando** - singing
**cantaron** - they sang
**capitán** - captain
**capturaba** - s/he captured
**capturada** - captured
**capturar** - to capture
**capturó** - s/he captured

**cara -** face

**caras -** expensive

**carne -** meat

**casa(s) -** house(s)

**casi -** almost

**causan -** they caused

**causó -** s/he, it caused

**celebrar -** to celebrate

**celular -** cellular

**cerca -** near, close

**cereales -** cereal

**chao -** bye

**chica(s) -** girl(s)

**chico(s) -** boy(s)

**chicos -** boys

**chocó -** crashed

**chocolates -** chocolates

**cinco -** five

**ciudad -** city

**ciudades -** cities

**clase(s) -** class(es)

**club -** club

**comemos -** we eat

**comentarios -** comments

**comentó -** s/he commented

**comer -** to eat

**comete -** s/he commits

**comía -** s/he ate

**cómico -** funny

**comida -** food

**comiendo -** eating

**comió -** s/he ate

**como -** how

**cómo -** how

**completamente -** completely

**compraba -** s/he bought

**comprende -** s/he understands

**comprendí -** I understood

**comprendía -** s/he understood

**comprendió -** s/he understood

**comprendo -** I understand

**compró -** s/he bought

**computadora(s) -** computer(s)

**con -** with

**condición -** condition

**conectaron -** they connected

**conejo -** rabbit

**confundida -** confused

**confundido -** confused

**confusión -** confusion

**conmigo -** with me

**consecuencia -** consequence

**consolarlo -** to console him

**consultó -** s/he consulted

**contenta(s) -** content, happy

**contento(s) -** content, happy

69

**contestó -** s/he answered

**contigo -** with you

**continuar -** to continue

**continuaron -** they continued

**continuó -** s/he continued

**contra -** against

**convirtieron -** they converted

**convirtió -** s/he converted

**corazón(es) -** heart(s)

**correr -** to run

**corría -** s/he ran

**corrían -** they ran

**corrieron -** they ran

**corrió -** s/he ran

**costumbre -** custom

**cristiana -** Christian

**cristianos -** Christians

**crítica -** critical

**cuando -** when

**cuarenta -** forty

**cuatrocientos -** four hundred

**cuello -** neck

**cuento -** story

**cuentos -** stories

**cueva -** cave

**cuidarlas -** to take care of them

**curiosidad -** curiosity

# D

**dale -** give to her/her

**de -** of, from

**de repente -** suddenly

**debajo -** under

**decidieron -** they decided

**decidimos -** we decided

**decidió -** s/he decided

**decirle -** to say to him/her

**del -** of the, from the

**deliciosa -** delicious

**delicioso -** delicious

**desaparecido -** disappeared

**desapareció -** s/he disappeared

**desastre -** disaster

**desesperación -** desperation

**desesperada -** desperate

**desordenado -** not in order, disorganized

**después -** after

**destruir -** to destroy

**día(s) -** day(s)

**dicen -** they say

**diciembre -** December

**diecinueve -** nineteen

**dieciséis -** sixteen

**dientes -** teeth

**diez -** ten

**diferente -** different
**difícil -** difficult
**dijeron -** they said
**dijo -** s/he said
**dime -** tell me
**dinero -** money
**dio -** s/he gave
**dirección -** address
**directamente -** directly
**discoteca -** night club; dance club
**disgustaba -** s/he, it disgusted
**disgustado -** disgusted
**divorciados -** divorced
**divorcio -** divorce
**dobles -** doubles
**doce -** twelve
**doctora -** doctor
**dolía -** hurt
**dolió -** hurt
**dolor -** pain
**donde -** where
**dónde -** where
**dormí -** I slept
**dormía -** s/he slept
**dormir -** to sleep
**dormiste -** you slept
**dormitorio -** bedroom
**dos -** two
**duele -** hurts

**durante -** during
**durmiendo -** sleeping

# E

**e -** and
**él -** he
**el -** the
**elegante(s) -** elegant
**ella -** she
**ellos -** they
**emocionado -** excited
**empacando -** packing
**en -** in
**enfrente de -** in front of
**enojada -** angry
**enojado(s) -** angry
**enorme(s) -** enormous
**entonces -** then
**entraba -** s/he was entering
**entramos -** we enter(ed)
**entrar -** to enter
**entraran -** they enter
**entraron -** they entered
**entró -** s/he entered
**era -** s/he, it was
**eran -** they were
**eres -** you are
**errores -** errors, mistakes
**es -** s/he, it is
**esa -** that

71

**escapa** - s/he escapes

**escapamos** - we escape, we escaped

**escapan** - they escape

**escaparse** - to escape

**escaparon** - they escaped

**escape** - escape

**escapó** - s/he escaped

**escribe** - s/he writes

**escriben** - they write

**escribían** - they wrote

**escribió** - s/he wrote

**escuchaba** - s/he listened

**escuchaban** - they listened

**escúchame** - listen to me

**escuchar** - to listen

**escuches** - you listen

**escuchó** - s/he listened

**escuela** - school

**ese** - that

**eso** - that

**espada** - sword

**España** - Spain

**especial** - special

**especialidad** - specialty

**especialmente** - especially

**espíritu(s)** - spirit(s)

**esposa** - spouse, wife

**esposo** - spouse, husband

**está** - s/he, it is

**esta** - this

**estaba** - s/he, it was

**estábamos** - we were

**estaban** - they were

**estado(s)** - state(s)

**estamos** - we are

**están** - they are

**estar** - to be

**estas** - these

**este** - this

**estoy** - I am

**estructura** - structure

**estudia** - s/he studies

**estudiaba** - s/he studied

**estudiante** - student

**estudiar** - to study

**estudio** - I study

**estúpida** - stupid (very strong, offensive)

**estuviera** - s/he, it was

**estuvieran** - they were

**estuvimos** - we were

**eternamente** - eternally

**exactamente** - exactly

**exacto** - exact

**excelente** - excellent

**excepción** - exception

**exclama** - s/he exclaims

**exclamó** - s/he exclaimed

**excusa** - excuse

**experto** - expert
**explicación** - explanation
**explicó** - s/he explained
**explorar** - to explore
**exploraron** - they explored

# F

**familia** - family
**familiar** - familiar
**familias** - families
**famosa** - famous
**fantasía** - fantasy
**fantástica** - fantastic
**fantástico** - fantastic
**fea** - ugly
**feliz** - happy
**fenomenal** - phenomenal
**fiestas** - parties
**fin** - end
**final** - end
**flamenco(a)** - Spanish style of music and dance
**flores** - flower
**fortaleza** - fort
**fotos** - photos
**frágil** - fragile
**frustración** - frustration
**frustrado** - frustrated
**fruta** - fruit

**fue** - s/he, it was; s/he, it went
**fueron** - they went; they were
**fuerte** - strong
**fuertemente** - strongly
**fuerza** - strength
**fuimos** - we went
**furioso** - furious
**futuro** - future

# G

**general** - general
**generalmente** - generally
**gitana** - gypsy; Romani person
**gitanos** - gypsies; Romani people
**gracias** - thank you
**gradúa** - s/he graduates
**graduación** - graduation
**grande(s)** - big
**gritaban** - they yelled
**gritar** - to yell
**gritaron** - they yelled
**gritó** - s/he yelled
**grupo** - group
**guapa(s)** - good-looking
**guapísimas** - good-looking
**guapo(s)** - handsome

73

**guardia -** guard
**guitarra(s) -** guitar(s)
**gusta -** it is pleasing to
**gustaba -** was pleasing to
**gustaban -** were pleasing to
**gustan -** they are pleasing to
**gustó -** pleased
**gusto -** pleasure

# H

**ha -** had
**había -** there was; there were
**habla -** s/he speaks
**hablaba -** s/he was speaking
**hablan -** they speak
**hablando -** speaking, talking
**hablar -** to speak, to talk
**hablas -** you speak, talk
**hablé -** I spoke, talked
**hables -** you speak, talk
**habló -** s/he spoke, talked
**hace -** s/he does, makes
**hacen -** they do, make
**haces -** you do, make
**hacía -** s/he made; did
**hacia -** toward
**hacían -** they made; did
**hagas -** you do, make
**hago -** I make

**halcón -** falcon
**halcones -** falcons
**hambre -** hunger
**hasta luego -** until later (see you later)
**hay -** there is, there are
**he -** I have
**hermana -** sister
**hermanito -** little brother
**hermano -** brother
**hijas -** daughters
**hijo(s) -** son(s)
**hipnótico -** hypnotic
**historia -** history
**hola -** hello
**hombre -** man
**hombres -** men
**horas -** hours
**hoy -** today
**hubo -** there was; there were
**humana -** human
**humillar -** to humiliate
**humor -** humor

# I

**iba -** s/he was going
**iban -** they were going
**idea -** idea
**idénticas -** identical
**idénticos -** identical

**idiota -** idiot
**imágenes -** images
**imaginación -** imagination
**imaginar -** to imagine
**imaginó -** s/he imagined
**imbécil -** imbecile; idiot
**importa -** s/he, it is important
**importaba -** it was important
**importante -** important
**impresionante -** impressive
**inconsciente -** unconscious
**increíble -** incredible
**increíblemente -** incredibly
**inexplicable -** inexplicable
**información -** information
**inglés -** English
**inmortal -** immortal
**inocente -** innocent
**inseparables -** inseparable
**instante -** instant
**inteligente -** intelligent
**intensamente -** intensely
**interés -** interest
**interesante -** interesting
**internet -** internet
**interrumpiendo -** interrupt-
    ing
**interrumpió -** s/he inter-
    rupted
**intolerable -** intolerable

**investigar -** to investigate
**invitar -** to invite
**invitaron -** they invited
**ir -** to go
**irme -** to leave; to go away
**irse -** to leave; to go away

# J

**jamón -** ham
**jardín -** garden
**jardines -** gardens
**juega -** s/he plays
**juegas -** you play
**juego -** I play
**jugar -** to play (a game or
    sport)
**jugaron -** they played
**julio -** July
**junio -** June

# L

**la -** the
**las -** the
**le -** (to) him/her
**leer -** to read
**leía -** s/he was reading
**les -** them
**levantó -** s/he stood up;
    picked up

**leyenda -** legend

**leyendo -** reading

**leyó -** s/he read

**libro(s) -** book(s)

**limusina -** limousine

**líquido -** liquid

**literatura -** literature

**llama -** s/he calls

**llamaba -** s/he, it called

**llamaban -** they called

**llamada -** called

**llamado -** called

**llamar -** to call

**llamas -** you call

**llamó -** s/he called

**llamo -** I call

**llega -** s/he arrives

**llegaban -** they arrived

**llegara -** s/he arrive

**llegaron -** they arrived

**llegó -** s/he arrived

**llorando -** crying

**llorar -** to cry

**lloraron -** they cried

**lo -** it

**loca -** crazy

**loco -** crazy

**locos -** crazy

**los -** the

**luego -** later

**lunes -** Monday

# M

**majestad -** majesty

**mal -** bad

**mamá -** mom

**mañana -** tomorrow

**mandó -** s/he sent

**mano(s) -** hand(s)

**más -** more

**mataba -** s/he was killing

**matando -** killing

**matar -** to kill

**matarlo -** to kill it, him

**matarme -** to kill me

**mataron -** they killed

**matas -** you kill

(no) **mates -** (don't) kill

**mato -** I kill

**mató -** s/he killed

**me -** me

**mencionaba -** s/he mentioned

**mencionó -** s/he mentioned

**mensaje -** message

**mercado -** market

**mesa -** table

**mí -** me

**mi -** my

**mis -** my

**miedo -** fear

**miembro -** member

**mil -** thousand

**minutos -** minutes

**mira -** s/he looks at

**miraba -** s/he was looking at

**miraban -** they were looking at

**miran -** they look at

**mirando -** looking at

**mirar -** to look at

**miraran -** they look at

**miraron -** they looked at

**miró -** s/he looked at

**misteriosa -** mysterious

**moderna -** modern

**modificado -** modified

**modificó -** s/he modified

**momento -** moment

**monstruo -** monster

**montón -** pile

**morcilla -** blood sausage

**morir -** to die

**moro(s) -** an Islamic person from northern Africa (an antiquated term, not an acceptable way to refer to people nowadays)

**mortal -** mortal

**moverse -** to move

**mucha(s) -** many, much, a lot

**muchacha(s) -** girl(s)

**muchacho(s) -** boy(s)

**mucho(s) -** many, much, a lot

**muerta(s) -** dead

**muerte -** death

**muerto(s) -** dead

**mujer -** woman

**murieron -** they died

**murió -** s/he died

**música -** music

**muy -** very

# N

**nada -** nothing

**nadie -** nobody, no one

**nariz -** nose

**navegando -** navigating, surfing (the internet)

**navidad -** Christmas

**necesario -** necessary

**necesita -** s/he needs

**necesitaba -** s/he needed

**necesitaban -** they needed

**necesitamos -** we need

**necesito -** I need

**negra -** black

**negro -** black

**negros -** black
**nervioso -** nervous
**ni -** neither
**ningún -** none
**ninguna -** none
**no -** no
**noche(s) -** night(s)
**nombre -** name
**normal(es) -** normal
**normalmente -** normally
**nos -** us; ourselves
**nosotros -** we
**nota -** s/he notes; notices
**notas -** notes, grades
**noventa -** ninety
**novia -** girlfriend
**noviembre -** November
**novio -** boyfriend
**nuestros -** our
**nueva -** new
**nuevo -** new
**número -** number

# O

**o -** or
**obvio -** obvious
**ocasión -** occasion
**océano -** ocean
**ocho -** eight

**octubre -** October
**ofender -** to offend
**ofendía -** s/he offended
**ofendida -** offended
**ofrecieron -** they offer
**ofreció -** s/he offered
**ojos -** eyes
**once -** eleven
**opción -** option
**opinión -** opinion
**orden -** order
**otra -** other; another
**otras -** others
**otro -** other; another
**otros -** others

# P

**paciencia -** patience
**padrastro -** stepfather
**padre -** father
**padres -** parents
**paella -** Spanish dish made of rice and various meats and seafood
**palacio -** palace
**papá -** dad
**papel -** paper
**papeles -** papers
**para -** for, in order to
**paralizado -** paralyzed

**parque -** park

**parte(s) -** part(s)

**pasa -** s/he, it passes; it happens

**pasaba -** s/he, it was passing; it was happening

**pasado -** past

**pasando -** passing, happening

**pasaporte -** passport

**pasaron -** they passed, happened

**pasó -** s/he, it passed; happened

**patinaje -** skating

**patineta -** skateboard

**película -** film, movie

**pelo -** hair

**pelota -** ball

**pensaba -** s/he was thinking

**pensaron -** they thought

**pensó -** s/he thought

**pequeña -** small

**pequeño -** small

**perdón -** pardon, sorry

**perfección -** perfection

**perfecta -** perfect

**perfectamente -** perfectly

**perfecto(s) -** perfect

**perfume -** perfume

**permite -** s/he permits

**permitía -** s/he permitted

**permitían -** they permitted

**pero -** but

**persona(s) -** person(s)

**pétalos -** petals

**piensa -** s/he thinks

**piensas -** you think

**pienso -** I think

**pirata -** pirate

**planes -** plans

**planta -** plant

**plaza -** plaza

**pobre(s) -** poor

**poción -** potion

**poco -** little

**podemos -** we are able

**podía -** s/he was able

**podían -** they would be able to

**podría -** s/he would be able to

**policía -** police

**ponemos -** we put

**poner -** to put

**popular(es) -** popular

**por -** for

**por favor -** please

**por qué -** why

**porque -** because

**posibilidad** - possibility
**posible** - possible
**posiblemente** - possibly
**preferible** - preferable
**pregunta** - s/he asks
**preguntar** - to ask
**preguntaron** - they asked
**preguntas** - you ask
**preguntó** - s/he asked
**prepara** - s/he prepares
**preparaba** - s/he prepared
**preparar** - to prepare
**presencia** - presence
**presento** - I present (introduce)
**presidente** - president
**prestó** - s/he lent
**princesa(s)** - princess(es)
**prisión** - prison
**prisionera** - prisoner
**prisioneros** - prisoners
**probablemente** - probably
**problema(s)** - problem(s)
**profesor** - professor
**profesores** - professors
**psiquiatra** - psychiatrist
**pudo** - s/he could
**puede** - s/he is able
**pueden** - they are able
**puedes** - you are able

**puedo** - I am able
**puerta** - door
**pues** - well
**puso** - s/he put

# Q

**que** - that, who
**qué** - what
**¿qué tal?** - how are you?
**quería** - s/he wanted
**queríamos** - we wanted
**querían** - they wanted
**quién(es)** - who
**quiere** - s/he wants
**quieren** - they want
**quieres** - you want
**quiero** - I want
**quince** - fifteen
**quiso** - s/he wanted

# R

**rápidamente** - rapidly
**rapidísimo** - very rapidly
**raqueta** - racquet
**rara** - rare, strange
**raro(s)** - rare, strange
**razón** - right
**realidad** - reality
**realmente** - really

**recibí -** I received
**recibir -** to receive
**refrigerador -** refrigerator
**reina -** queen
**relación -** relation
**relájate -** relax
**resolver -** to resolve
**respirar -** to breathe
**respiró -** s/he breathed
**responde -** s/he responds
**responder -** to respond
**respondía -** s/he responded
**respondió -** s/he responded
**resto de -** rest of
**revelaron -** they revealed
**rey -** king
**rieron -** they laughed
**rio -** s/he laughed
**roja -** red
**rojo -** red
**romántica(s) -** romantic
**románticamente -** romantically
**romántico(s) -** romantic
**ropa -** clothes
**rosa(s) -** rose(s)
**rural -** rural

# S

**sábado -** Saturday

**sabe -** s/he knows
**sabemos -** we know
**saber -** to know
**sabes -** you know
**sabía -** s/he knew; I knew
**sabían -** they knew
**sacaba -** s/he took out
**sale -** s/he leaves
**salieron -** they left
**salió -** s/he left
**salir -** to leave
**salvó -** s/he saved
**sangre -** blood
**sarcásticamente -** sarcastically
**sarcástico -** sarcastic
**satisfacción -** satisfaction
**sé -** I know
se **suicidó -** s/he died by suicide
**secretos -** secrets
**seguía -** s/he followed
**según -** according to
**seis -** six
**seiscientos -** six hundred
**semestre -** semester
**señora -** ma'am, lady
**sensación -** sensation
se **sentaron -** they sat down
**sentía -** s/he was feeling

## Glosario

**se sentó** - s/he sat down
**sepa** - s/he knows; I know
**septiembre** - September
**ser** - to be
**serio(s)** - serious
**serpientes** - serpents, snakes
**si** - if
**sí** - yes
**siempre** - always
**siéntate** - sit down
**siesta** - nap
**siguiente** - following
**siguió** - s/he followed
**silencio** - silence
**silenciosamente** - silently
**similar(es)** - similar
**sintió** - s/he felt
**sirvienta** - servant
**sirvientes** - servants
**sirvió** - s/he served
**situación** - situation
**situación sentimental** - relationship status
**sobre** - about
**sola** - only; alone
**solas** - alone
**soldado(s)** - soldier(s)
**solo** - only; alone
**solos** - alone
**soltera** - single

**somos** - we are
**son** - they are
**sonido(s)** - sound(s)
**sonreía** - s/he smiled
**sonrió** - s/he smiled
**sorprendida** - surprised
**sorprendido** - surprised
**sorprendió** - s/he, it surprised
**soy** - I am
**su(s)** - his, her
**suelo** - ground
**suficiente** - sufficient
**súper** - super
**superior** - superior
**supermercado** - supermarket
**supo** - s/he found out

## T

**también** - also
**tampoco** - neither
**tan** - so
**taxi** - taxi
**te** - yourself
**teléfono** - telephone
**televisor** - television
**tener** - to have
**tengan** - they have
**tengo** - I have
**tenía** - s/he had

**tenían -** they had
**tenías -** you had
**tenis -** tennis
**tenista -** tennis player
**terraza -** terrace
**terrible(s) -** terrible
**terror -** terror
**texto(s) -** text(s)
**tiempo -** time
**tiene -** s/he has
**tienen -** they have
**tienes -** you have
**típica -** typical
**tocaba -** s/he touched
**tocaban -** they touched
**tocando -** touching
**tocaron -** they touched
**tocó -** s/he touched
**toda(s) -** all
**todo(s) -** all
**tomar -** to take
**tomó -** s/he took
**tono -** tone
**tonta -** silly, dumb
**tonto -** silly, dumb
**trabajaban -** they worked
**trabajan -** they work
**trabajar -** to work
**trabajaran -** they work
**tradicional -** traditional

**tráfico -** traffic
**trance -** trance
**tres -** three
**trillizas -** triplets
**trillizos -** triplets
**triste(s) -** sad
**triunfo -** triumph
**trofeo -** trophy
**tú -** you
**tu -** your
**tuviera -** s/he, I have
**tuvieron -** they had
**tuvo -** s/he had

# U

**Ud. -** you
**un -** a; an; one
**una -** a; an; one
**una vez -** one time
**unidos -** united
**universidad -** university
**uno -** a; an; one
**unos -** some
**usada -** used

# V

**va -** s/he goes
**valientemente -** valiantly,
    bravely

*Glosario*

**vamos** - we go
**vampiro** - vampire
**van** - they go
**vas** - you go
**veía** - s/he saw
**veinte** - twenty
**veintidós** - twenty- two
**vemos** - we see
**ventana(s)** - window(s)
**ver** - to see
**verdes** - green
**ves** - you see
**vi** - I saw
**vida** - life
**vieja** - old
**viejos** - old
**viene** - s/he comes
**viera** - s/he see
**vieron** - they saw
**vio** - s/he saw
**visita** - s/he visits
**visitaba** - s/he visited
**visitar** - to visit
**visitarlo** - to visit him/it
**vive** - s/he lives
**viven** - they live
**vivía** - s/he, I lived
**vivían** - they were living
**vivido** - lived
**vivieron** - they lived

**vivió** - s/he lived
**vivir** - to live
**vivo(s)** - alive
**vomitar** - to vomit
**voy** - I go
**voz** - voice

# Y

**y** - and
**ya** - already
**ya no** - anymore
**yo** - I

# Z

**zona** - zone

84

# Noches misteriosas
# en Granada

Chapter Art by
Irene Jiménez Casasnovas

Cover design by
Kristy Placido

## Written by
## Kristy Placido

Edited by
Carol Gaab

ISBN: 978-1-935575-28-3

Fluency Matters, P.O. Box 11624, Chandler, AZ 85248
info@FluencyMatters.com • FluencyMatters.com

# A NOTE TO THE READER

This comprehension-based reader contains basic level-one vocabulary and countless cognates (words that are similar in two languages), making it an ideal read for beginning students.

All words used in the reader are listed in the glossary at the back of the book. In addition, cultural vocabulary and any vocabulary that would be considered beyond a 'novice-low' level is footnoted at the bottom of the page where it occurs. Footnoted words are also listed in the glossary.

You may have already noticed that there are two versions to this story, a past-tense version and a present-tense version. You may choose to read one or the other, or both. Whatever version you choose, we encourage you to focus on enjoying the story versus studying the tense in which it is written.

We hope you enjoy the reader!

# Índice

TO READ THIS BOOK IN
PAST TENSE,
TURN BOOK OVER AND READ
FROM FRONT COVER.

# Capítulo 1
## Un día de bien y de mal

Kevin Fowler está contento. Él está contento porque es el día de su graduación. Es una ocasión para celebrar. Kevin celebra su graduación y celebra otro evento fantástico: ¡Kevin va a ir a España! Va a estudiar en España durante junio, julio y agosto. En dos días se va y está súper emocionado.

Kevin está en su dormitorio. Kevin mira su dormitorio. Todo está en orden. Su ropa, su computadora y sus papeles están en orden. Todo está perfecto. A Kevin le gusta el orden. Su dormitorio es perfecto y su ropa es perfecta. En las clases, Kevin es perfecto. Es obvio que Kevin es un chico perfecto.

Kevin mira su computadora. Tiene una computadora Macbook. Es una Macbook perfecta. Él se comunica con sus amigos en Facebook. Se comunica unos minutos y modifica su estado:

**Estado: Kevin Fowler tiene una vida perfecta. Se graduó y se va para España en dos días.**

La mamá y el papá de Kevin están divorciados. Kevin vive con su mamá, Sandy y su padrastro[1], Mike. Viven en Alma, Michigan. Kevin tiene una relación perfecta con su padrastro y tiene una relación perfecta con su padre. Generalmente, visita a su padre en Pennsylvania en diciembre y en julio.

[1]*padrastro - stepfather*

Kevin estudia mucho y saca buenas notas[2] en la escuela. Según la opinión de sus profesores, Kevin es perfecto. Tiene muchos amigos. Es el presidente de su clase. Juega al tenis muy bien y tiene muchos trofeos de tenis. Tiene muchos trofeos en su dormitorio y en la escuela.

Su novia, Tanya Webber, es una de las chicas más guapas y populares de la escuela. Tanya es la chica perfecta. Tanya y Kevin tienen una relación perfecta: En octubre va con Tanya al baile de Homecoming y ellos dos son el rey y la reina[3] de Homecoming. En noviembre, son novios inseparables. Para Navidad[4], Kevin le da un iPod a Tanya con toda la música que le gusta. En el día de San Valentín, Kevin le da rosas a Tanya y Tanya le da chocolates a Kevin. En abril, van al baile de Prom en una limusina y son los más guapos del baile. Y ahora es el día de su graduación. Kevin está contento con su vida perfecta.

[2]*saca buenas notas - he gets good grades*
[3]*el rey y la reina - the king and the queen*
[4]*Navidad - Christmas*

Kevin continúa mirando Facebook. Mira los comentarios de sus amigos y nota que Tanya modificó su situación sentimental. ¡Ella modificó su situación sentimental a 'soltera[5]'!

*¡Soltera! ¿Soltera? ¿Cómo que soltera? ¡Ella es su novia!* Tanya no mencionó ningún problema. Kevin está muy mal en ese momento. Quiere llorar. Quiere gritar. Quiere destruir la computadora. Kevin grita «¿Por qué?» a la computadora. La computadora no le responde.

Kevin decide llamar a Tanya por teléfono: «ring ring»... «Hola, soy Tanya, si eres mi amigo, habla y si no eres mi amigo, ¡no hables! ...¡Biiiiiiiip!». Kevin no habla. Quiere llorar. Está triste, enojado y confundido. No es posible. Kevin y Tanya. Tanya y Kevin. Perfectos. ¡No es posible!

– ¡Kevin! –grita su mamá–. ¡La casa es un desastre! ¡Por favor! ¡Ayúdame!

A Kevin le gusta la perfección, pero ahora no le importa si la casa es un desastre. Kevin tiene problemas más serios en este momento. No tiene

---

[5]*soltera - single*

4

novia y se va para España en dos días. No quiere ayudar a su mamá, pero no quiere problemas con ella tampoco.

– Perdón, mamá –responde Kevin.

Kevin va a ayudar a su mamá. Va silenciosamente. No habla. No le explica la situación a su mamá. Kevin quiere llorar. Necesita hablar con Tanya. Quiere una explicación. En este momento, él está enojado. Se dice: «¡*Soltera! ¡Facebook! ¡Es terrible!*».

Kevin ayuda a su mamá en la casa y después se va de la casa. Mira su teléfono celular. No tiene ningún texto de Tanya.

Kevin decide que necesita hablar con su amigo, Dylan. Dylan no es perfecto. La vida de Dylan es muy diferente a la vida de Kevin. Los padres de Dylan no están divorciados, pero necesitan un divorcio según la opinión de Dylan. Sus padres gritan mucho. Dylan no es perfecto en la escuela como Kevin. Dylan no estudia. Él es un buen muchacho, pero las notas de Dylan son terribles, a excepción de la clase de español. Dylan tiene una B- en la clase de español.

La ropa de Dylan no es perfecta. Su ropa es un poco fea. Dylan compra su ropa en un mercado de ropa usada que se llama Goodwill. A Dylan no le importa la ropa. Dylan tiene muchos amigos. Habla mucho y es muy cómico. Es muy popular y va a muchas fiestas. Dylan va mucho con sus amigos al parque de patinaje[6] con su patineta[7]. Dylan no tiene problemas con las chicas. No tiene problemas románticos. Muchas chicas admiran a Dylan. Dylan no tiene novia, pero muchas chicas lo admiran. Kevin llama a Dylan por teléfono. «Riiiin, Riiiiiiiiiiin.»

– ¿Sí? –dice Dylan.

– Dylan, soy Kevin.

– ¡Holaaaaaaaaaa! ¿Qué pasa? Es increíble que vamos a España en dos días, ¿no? ¡Cuarenta y ocho horas! Hay un parque de patinaje fenomenal en Granada. ¡Quiero visitarlo con mi patineta! –grita Dylan en el teléfono.

[6]*parque de patinaje - skate park*
[7]*patineta - skateboard*

– Dylan, no quiero hablar de tu patineta. Tengo problemas. Tanya ya no quiere ser mi novia. Estoy enojado y confundido. Vi en Facebook que ella modificó su estado a soltera. Ella no me responde a los textos.

– Eso es terrible. Pero, mira, hay más chicas en España. Y vas a Nueva York en septiembre. Tanya no importa.

– Gracias, Dylan. Me ayudas mucho. Estoy muy bien ahora –responde Kevin sarcásticamente.

– ¡No hay problema! ¡Chao!

«Clic»

**_Estado: Kevin Fowler va a España en dos días._**

# Capítulo 2
## Una familia rara

Es el ocho de junio. Kevin y Dylan van al aeropuerto. Kevin tiene muchas preguntas para Dylan.

> – ¿Tienes tu pasaporte? ¿Tienes libros para leer en el avión? ¿Tienes tu diccionario de español-inglés? ¿Cómo se llama la calle donde vas a vivir? ¿Tienes la dirección[1] de tu familia? ¿Piensas que sabemos suficiente español?

[1] dirección - address

– ¡Kevin! –se ríe Dylan–. ¡Relájate! Todo está bien, hombre, estás conmigo. Vamos a abordar el avión. ¡Adiós, Michigan!

Abordan el avión. En el avión, Kevin mira el papel que tiene la información de su familia en España. Kevin imagina una mamá y un papá. Imagina que tienen tres hijos. Dos chicos y una chica pequeña. Uno de los chicos tiene diecinueve años y tiene muchas amigas solteras. En su fantasía, una de las amigas mira a Kevin y quiere ser su novia. Ella es la chica más guapa de España. Es más guapa que Tanya.

– ¡Hombre! ¡Mira! ¡El Océano Atlántico! –dice Dylan interrumpiendo la fantasía de Kevin.

Kevin realmente no tiene mucha información de la familia en España. Sólo tiene la dirección de la casa en Granada. La dirección está en una calle en la zona del Sacromonte[2]. Dylan va a vivir con una familia diferente en una calle diferente. La familia de Dylan vive en una calle cerca de la universidad en donde van a tomar clases. Kevin está

[2]*Sacromonte - a neighborhood of the city of Granada, Spain*

muy nervioso, pero Dylan no está nada nervioso. Kevin no comprende a Dylan. Van a vivir con familias en España y Dylan no está nervioso. Dylan escucha el iPod, canta y mira por la ventana.

Cuando llegan al aeropuerto de Granada, Kevin y Dylan miran a todas las personas. Hay una familia que tiene un papel con el nombre de Dylan. En la familia hay una mamá, un papá y tres hijos. Dos chicos y una chica pequeña. El chico más grande tiene diecinueve o veinte años. ¡Es la familia de la fantasía de Kevin! ¡Pero no es la familia de Kevin! Es la familia de Dylan.

Hay una mujer que tiene un papel con el nombre de Kevin. La mujer es muy pequeña, frágil y anciana. No hay un papá. No hay hijos. Sólo hay una mujer vieja. Su pelo es blanco. Sus dientes no son blancos. Se llama María Jesús.

Kevin dice: «*Hola, soy Kevin*». La mujer vieja le da dos besos. Kevin quiere vomitar porque la mujer es muy vieja y su perfume es muy fuerte. Pero sabe que es costumbre besar a las personas en España. Mira a Dylan. Dylan se va con su familia en un Mercedes. Dylan dice: «¡Hasta luego, Kevin!».

Kevin se va con María Jesús en un taxi. Van al Sacromonte. Es una zona famosa porque es donde viven muchos gitanos[3]. En la zona del Sacromonte hay muchos gitanos que no viven en casas normales. Viven en cuevas[4]. Kevin no sabe si María Jesús es gitana. María Jesús camina a una cueva. La cueva tiene una puerta normal y dos ventanas, pero es una cueva. Cuando Kevin entra en la cueva, él ve que es similar a una casa normal.

– Siéntate –dice María Jesús.

Kevin se sienta a la mesa. María Jesús tiene mucha comida en la mesa. Hay mucha comida típica de España. Hay paella[5]. La paella es una comida muy tradicional en España. Todo está muy bueno. A Kevin le gusta la comida. La paella es diferente. Hay carne en la paella, pero Kevin no sabe exactamente lo que es. Kevin come y María

[3]gitanos - gypsies; Romani people

[4]cuevas - caves

[5]paella - a dish consisting of rice, vegetables and meat or seafood

11

Jesús habla. Ella no tiene preguntas para Kevin. Ella habla y habla de su vida. No tiene esposo. Su esposo se murió hace veinte años[6]. Tiene tres hijos, pero los hijos son grandes y tienen familias. Ella tiene fotos de su esposo y de sus hijos. Kevin come, escucha y mira las fotos.

Kevin está muy contento con la comida. María Jesús pone más comida en la mesa. Kevin no quiere comer más, pero no quiere ofender a María Jesús.

Kevin come más. Escucha la puerta «¡criiiic!». María Jesús se levanta.

– Ay, ¡Alfonso llega! –dice María Jesús contenta.

Un muchacho entra en la casa. *«¿Quién es Alfonso?»*, se pregunta Kevin. *«¿Es el hijo de María Jesús? Pero ella no mencionó a un hijo llamado Alfonso».*

Alfonso tiene un halcón en la mano. Alfonso tiene un animal pequeño en la otra mano. Alfonso dice:

[6]*hace veinte años - twenty years ago*

– Mira, ¡el halcón capturó un conejo[7]!

Kevin ve que el muchacho tiene un conejo. Kevin grita como una chica pequeña cuando ve el conejo. Está muerto. Kevin está disgustado y sorprendido. En su casa en los Estados Unidos su mamá compra la carne en el supermercado. En los Estados Unidos, ¡un halcón no captura la carne! Ahora sabe que la carne de la paella es conejo. Kevin no quiere comer conejo. Pero él sabe que ya comió conejo en la paella.

Alfonso mira a Kevin y se ríe.

– Hola, soy Alfonso. ¿No te gustan los halcones?

– Hola, soy Kevin. Perdón. El halcón es muy bonito. Me sorprendió.

[7] *conejo - rabbit*

María Jesús se ríe y le dice a Kevin:

– Alfonso es un buen chico.

Ella lo besa en la cara y sigue hablando de Alfonso:

– Alfonso ha vivido conmigo durante vein-te años. Me ayuda mucho. No es mi hijo pero me ayuda mucho.

– María Jesús, estás confundida. He vivido contigo durante dos años, no veinte –dice Alfonso.

María Jesús tiene una cara confusa, no responde y sale.

– No escuches a María Jesús –Alfonso le dice a Kevin–. Ella es muy vieja y está confundida. No tengo familia. Estudio en la universidad y vivo aquí con María Jesús. Ella me necesita y yo necesito una casa.

Kevin come un poco más. Alfonso mira a Kevin.

– Kevin, ¿por qué tienes la mano debajo de la mesa? ¿Qué haces? ¿Me vas a atacar con una espada[8]?

Ahora, Kevin está confundido.

- ¿Atacarte con una espada? No soy pirata. No hago nada. Sólo estoy comiendo.

- Aquí en España no ponemos las manos debajo de la mesa cuando comemos –le responde Alfonso.

Alfonso desaparece con el halcón. Kevin piensa: *«Está bien entrar con un halcón y un animal muerto, ¿pero yo no puedo poner la mano debajo de la mesa? ¡Espada! ¡Qué familia más loca!»*.

Kevin se va a su dormitorio.

**Estado: Kevin Fowler vive con una vieja confundida, un muchacho raro y un halcón. Mi vida nueva no es ninguna fantasía.**

[8]*espada - sword*

## Capítulo 3
## El tenista loco

A la mañana siguiente[1] Kevin está contento porque en la mesa hay café, fruta y cereales. No hay conejos en la mesa. Kevin come cereales y toma café. Alfonso llega a la mesa con ropa blanca y una raqueta de tenis. La ropa es blanca y los dientes de Alfonso son perfectamente blancos también.

[1]siguiente - following

– ¿Juegas al tenis? Yo juego al tenis también –comenta Kevin.

– Es obvio, ¿no?

A Kevin no le gusta Alfonso. Quiere humillar a Alfonso en la cancha[2] de tenis. Kevin piensa: *«Voy a destruir a Alfonso. Ja, ja, ja».*

– En mi escuela soy el tenista número uno. Recibí un trofeo de mi escuela.

Alfonso se ríe.

– Ah, ¿sí? Pues, qué interesante –responde sarcásticamente–. ¿Quieres jugar hoy?

– Hoy..., posiblemente. Tengo planes con mi amigo Dylan y su amigo Lucas.

Alfonso toma su café y mira a Kevin.

– Dylan y Lucas contra tú y yo. Dobles –se ríe Alfonso otra vez.

Kevin le manda un texto a Dylan y todos van al club de tenis. Alfonso es miembro del club. En el club de tenis, muchas personas dicen «hola» a Alfonso. Alfonso es muy popular. Las personas en el club se ríen cuando miran a los chicos americanos. Dylan no tiene raqueta, pero Alfonso le da

[2]*cancha - court*

una. Kevin sí tiene raqueta.

Van a la cancha de tenis y juegan. Alfonso es muy atlético y juega muy bien. Es rapidísimo y ataca la pelota de tenis. Kevin, Dylan y Lucas miran a Alfonso. Juega como un loco. Los otros muchachos corren mucho y se cansan[3] mucho, pero Alfonso corre mucho y no se cansa. Por fin, Kevin dice:

  – Alfonso, ¡un momento! Quiero tomar agua. Estoy cansado.

  – Pobre Kevin. ¿No eres un experto al tenis? ¿Estás cansado? No estoy nada cansado. Qué triste. ¿Dónde está tu trofeo ahora? –dice Alfonso sarcásticamente.

Ahora, Kevin está un poco enojado. Kevin piensa: «*¡Vamos a ver quién es el experto en tenis!*».

  – ¡Vamos! ¡Vamos a jugar! –grita Kevin.

Dylan y Lucas miran a Kevin con ojos enormes.

[3] *se cansan - they get tired*

18

– Hombre, estás loco. Ese chico no es mortal. Es una bestia. Es un monstruo. No juego más –dice Dylan.

Alfonso se ríe.

– Ja, ja, ja Pobres chicos. Están muy cansados. ¡Vamos Kevin! ¡Tú y yo!

Kevin se levanta y camina a la cancha de tenis otra vez. Alfonso sirve la pelota. La pelota llega con mucha fuerza, directamente a la nariz de Kevin.

–¡Ay! –grita Kevin.

Dylan y Lucas ven que a Kevin le sale mucha sangre[4] de la nariz. Alfonso no dice nada, pero mira a Kevin con ojos muy enojados. No le dice «perdón» a Kevin, ni lo ayuda, sólo lo mira. Él mira la sangre que sale de la nariz de Kevin y se ríe.

[4]*sangre - blood*

Kevin mira a Alfonso, pero no se ríe. Está enojado y le duele[5] la nariz. Kevin se toca la nariz y nota que mucha sangre le sale de la nariz. Kevin mira la sangre en la mano y quiere vomitar. No le gusta nada la sangre. La sangre le disgusta mucho.

Dylan y Lucas corren para ayudar a Kevin. Alfonso ya no está. Desapareció. Dylan mira la nariz de Kevin y le exclama:

– ¡Ay Kevin, tu nariz! ¿Te duele mucho?

La nariz le duele mucho, pero Kevin no quiere admitirlo enfrente de Alfonso. Le responde muy valientemente:

– No pasa nada[6]. No me duele.

Kevin no ve a Alfonso y les pregunta a Dylan y a Lucas:

– ¿Dónde está Alfonso?

– No sé –le responde Dylan.

**Estado: *Kevin Fowler vive con un tenista loco.***

---

[5]*duele - it hurts*
[6]*no pasa nada - nothing is wrong, it is ok*

# Capítulo 4
## La chica del café

Al día siguiente, Kevin camina por la calle y va a la plaza llamada Plaza Nueva. Dylan está en la plaza. Dylan come un bocadillo[1] de jamón. Cuando Dylan ve a su amigo, sonríe mucho, lo que es normal para Dylan. Kevin no sonríe. Kevin está de mal humor. No le gusta la familia con la que vive y no le gusta la casa. Kevin piensa que es una casa de locos. Dylan, por el contrario, está de muy buen humor y no nota que Kevin está de muy mal humor. Dylan sonríe y le dice a Kevin:

[1] *bocadillo - sandwich*

– Mira este bocadillo. Es delicioso. Mi familia prepara mucha comida y toda la comida es fantástica.

Dylan no nota que Kevin está de mal humor. No nota que Kevin no le responde. Dylan sigue hablando:

– Mi 'hermano' Lucas, es increíble. Vamos muchas noches a la discoteca y bailamos con muchas chicas. Son las amigas de Lucas. ¡Las chicas aquí son guapísimas! En mi dormitorio hay televisor, computadora y Xbox. ¡¡¡Me gusta mucho mi casa!!!

Cuando por fin Dylan respira, Kevin lo mira y le dice:

– No me gusta mi familia. Son raros. Viven en una cueva. Alfonso no va a la discoteca y no es mi hermano. ¡Él es un muchacho loco! ¡Es un tenista loco! Mira mi nariz, ¡está muy inflamada!

Kevin tiene la nariz muy roja. Él está de muy mal humor. A él no le gusta estar en casa con su familia loca, pero en dos días Kevin y Dylan van a ir a las clases de la universidad. Kevin quiere ir a las clases para escaparse de su familia rara.

Kevin y Dylan deciden explorar la ciudad un poco. Caminan unos veinte minutos. Quieren tomar un café en Starbucks®. Necesitan un poco de cafeína. No ven ningún Starbucks, pero ven un café. Entran en el café.

Kevin nota que hay una chica en el café con una computadora. Tiene una computadora Macbook. A Kevin le gustan mucho las computadoras Mac. También mira a la chica. Es guapa. Tiene una cara bonita. Tiene los ojos  grandes y verdes. Tiene el pelo negro y un poco desordenado. La chica mira a Kevin con curiosidad.

– Hola –le dice la chica.

– Hola...Perdón... Yo miraba tu computadora. Tengo esa computadora en casa.

– Ah, y ¿de dónde eres?

23

– Soy de los Estados Unidos, del estado de Michigan.

– Michigan… ¿Está cerca de[2] Nueva York o está cerca de Hollywood?

Kevin se ríe.

– No está cerca de nada. Mi ciudad es pequeña y rural. Hay animales y agricultura. No hay muchas ciudades grandes. Pues, soy Kevin. ¿Cómo te llamas?

– Me llamo Soraya. Mucho gusto.

– Hola, ¡soy Dylan! –interrumpe Dylan.

– ¡Mucho gusto, Dylan! –dice Soraya.

En ese momento, Kevin escucha una voz familiar. Un muchacho dice:

– ¡Hola, Soraya! ¿Qué tal?

Kevin ve que es Alfonso. Alfonso besa a Soraya.

– Hola Alfonso. Te presento a mi nuevo amigo, Kevin.

Alfonso mira a Kevin y se ríe.

---

[2]*cerca de - close to, near*

– Ah, sí, Kevin. Es mi hermanito de
América –dice Alfonso mirando a Kevin–.
Soraya es una amiga de la escuela.

Es obvio que Alfonso piensa que es superior.
Alfonso sonríe y le dice a Kevin con un tono sarcástico:

– Kevin, ¿por qué tienes la nariz tan roja?
¡Ja, ja, ja! Soraya, ¿tú sabes que Kevin
juega al tenis? En los Estados Unidos él
tiene un trofeo. ¡Ja, ja, ja!

A Kevin no le gusta Alfonso. Es muy raro y
antipático. Kevin quiere irse.

– Pues, yo tengo que llamar a mi mamá
ahora. ¡Vamos, Dylan! Hasta luego –dice
Kevin.

Soraya se levanta y le da dos besos a Kevin.
Kevin se pone un poco nervioso y su cara choca
con la cara de Soraya.

– ¡Uy! –dice Soraya.

– ¡Perdón! –dice Kevin.

– Está bien, no pasa nada –se ríe Soraya.

Alfonso se ríe también y a Kevin no le gusta

nada eso.

> – Dale un beso a tu mamá de mi parte,
> Kevin –dice Alfonso sarcásticamente.

Kevin no responde. Sólo piensa: «*¡¿Tengo que llamar a mi mamá?! ¡¿A mi MAMÁ?! ¿Esa es mi excusa para irme? ¡Soy tonto! ¡Idiota!*». Kevin sale del café con Dylan. Él piensa en su excusa tonta y no mira el tráfico. «*¡Biiiiiiiiiiip!*»

> – ¡Kevin! ¡Mira por dónde caminas, hombre! –le grita Dylan.

Un taxi casi lo mata[3] en la calle porque no mira por dónde camina. Kevin ve a Alfonso en la ventana del café. Alfonso lo mira y se ríe.

**Estado: Kevin Fowler casi se murió[4] hoy porque es muy tonto. ¡Pero está contento porque hoy habló con una chica fantástica!**

[3]*casi lo mata - almost kills him*
[4]*casi se murió - he almost died*

# Capítulo 5
## Un libro interesante

El lunes, Kevin va a la universidad. Kevin tiene una clase con Soraya, Alfonso y Dylan. Es una clase de literatura española.

Kevin no comprende bien a su profesor. Él habla muy diferente a su profesora de español en Michigan. Soraya y Alfonso escuchan con atención y escriben notas. Dylan se duerme y no escucha. Eso es normal para Dylan. No duerme mucho por la noche, pero duerme en sus clases. Sus amigos dicen que él es vampiro porque duerme mucho por el día y casi no duerme por la noche.

El profesor habla de la historia de Granada y de La Alhambra. Hay mucha historia en Granada. Es una ciudad muy vieja. La Alhambra es una fortaleza y un palacio, y también tiene jardines elegantes. La Alhambra es una estructura enorme y muy famosa, ¡y está aquí en Granada!

El profesor habla y Alfonso responde a todas las preguntas. El profesor sonríe y dice: *«Alfonso, ¡tú eres un estudiante increíble!»*. Alfonso sonríe con satisfacción y mira a Kevin. Kevin piensa: *«¡Alfonso piensa que es muy superior! ¡Qué imbécil[1]!»*.

El profesor le hace una pregunta a Kevin y Kevin no comprende. Kevin mira a Dylan, pero Dylan duerme. Kevin no duerme, pero no importa, no sabe nada. No comprende nada. El profesor se ríe y dice: *«Por favor Alfonso, ayuda a Kevin»*. Alfonso responde y mira a Kevin con triunfo.

Al final de la clase, Kevin camina hacia Dylan. Dylan se levanta y le dice:

– ¡Qué buena siesta[2]!

Kevin le contesta:

---

[1] *imbécil - imbecile, idiot*
[2] *siesta - nap*

– Pues, yo necesito una siesta. Yo no duermo en la clase, pero no importa. No comprendo nada en esta clase. ¡Pero tú duermes y el profesor no te habla!

Kevin quiere hablar con Soraya, pero no es posible. Ella sale de la clase con Alfonso. Kevin piensa que probablemente ella quiere ser la novia de Alfonso. Piensa: *«Alfonso es guapo, inteligente y perfecto. Soy tonto, tengo la nariz roja, no comprendo nada y cometo muchos errores. ¿Qué me está pasando? ¡Mi vida no es nada perfecta!»*.

Al final del día, Kevin y Dylan salen de la escuela y caminan por la zona de la ciudad que se llama Albaicín. Fue el barrio[3] de los moros[4]. Es muy diferente a otras partes de la ciudad. Los chicos exploran el mercado. Hay mucha ropa, mucha comida y mucha música. Es muy interesante.

Kevin ve un libro que se llama *'Cuentos de la Alhambra'*, por Washington Irving. Kevin piensa que es interesante porque Washington Irving era

---

[3]*barrio - neighborhood*

[4]*moros - Moors (Islamic people from Northern Africa)*

un autor de los Estados Unidos que escribió un libro sobre La Alhambra en España. ¡En el libro dicen que Irving vivió en La Alhambra! Kevin quiere el libro. Piensa que el libro puede ayudarle con su clase. Dylan le manda un texto a Lucas. Dylan no tiene interés en los libros. En unos minutos, Lucas llega con su patineta. Dylan tiene su patineta y ellos salen para el parque de patinaje.

Pero Kevin no va al parque de patinaje. Kevin

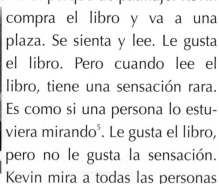

compra el libro y va a una plaza. Se sienta y lee. Le gusta el libro. Pero cuando lee el libro, tiene una sensación rara. Es como si una persona lo estuviera mirando[5]. Le gusta el libro, pero no le gusta la sensación. Kevin mira a todas las personas en la plaza. Nadie lo está mirando. Quiere leer el libro en la casa. Sale de la plaza y se va a la casa.

**Estado: Kevin Fowler no se duerme en la clase (como Dylan), pero no comprende nada.**

[5]*como si una persona lo estuviera mirando - as if a person were watching him*

30

# Capítulo 6
## Una noche de flamenco

Kevin va a la universidad todos los días. En las clases, comprende un poco más ahora. Dylan no comprende mucho porque duerme mucho durante las clases. Kevin es un buen estudiante, no duerme en las clases y ahora comprende un poco más.

En la casa, todo es muy raro. María Jesús prepara buena comida. Kevin no sabe lo que come. No quiere saber si la comida es del supermercado o si es comida capturada por el halcón. Alfonso no le habla mucho. Es un muchacho muy raro.

Alfonso habla mucho con Soraya en las clases, pero él no habla con Kevin. Soraya habla con Kevin cuando Alfonso no está. A Kevin le gusta ser el amigo de Soraya. ¿Posiblemente puede ser más que su amigo?

Por la noche, Kevin ve que Alfonso no duerme mucho. Alfonso sale de la casa todas las noches. Kevin tiene curiosidad, pero no quiere hablar con Alfonso. Kevin se pregunta: *«¿Adónde va? ¿Va a capturar animales con el halcón?»*.

Una noche, al final de junio, Kevin no duerme, lee el libro. Kevin escucha la puerta «¡criiiic!» y mira por la ventana. Ve que Alfonso sale de la casa. Alfonso camina por la calle con el halcón.

Kevin decide investigar. Quiere saber adónde va Alfonso por las noches. Probablemente no va a la discoteca, porque camina con el halcón. Kevin camina por la calle. Camina silenciosamente porque no quiere que Alfonso lo vea[1].

Alfonso entra en otra casa. Es una cueva. Kevin

[1]*lo vea - see him*

escucha música en la cueva. Es música flamenca[2]. Silenciosamente, Kevin camina hacia la ventana de la casa. Mira por la ventana. Kevin ve que hay muchas personas en la cueva.

Hay una mujer que baila y canta flamenco. Hay un hombre que toca la guitarra. Soraya está en la cueva también. Soraya sonríe y escucha la música. Alfonso está con Soraya, pero no sonríe. Tiene el halcón en la mano. El halcón es muy raro, y Alfonso es muy raro. Kevin no comprende porque Soraya es amiga de Alfonso.

Alfonso mira en dirección a la ventana y ve a Kevin. Kevin ve que los ojos de Alfonso son negros y están enojados. La cara de Alfonso está enojada.

En ese instante, Kevin tiene un problema. Tiene un problema con la cabeza. Su cabeza está muy mal. Le duele mucho. Kevin no puede ver. Todo está negro.

[2]*música flamenca - flamenco music*

Kevin se sienta en el suelo y ya no mira por la ventana. Ya no le duele la cabeza y ahora, él puede ver otra vez.

Kevin tiene miedo, pero mira por la ventana otra vez. La mujer sigue cantando y bailando y el hombre sigue tocando la guitarra. Soraya sonríe y mira a los flamencos. Alfonso sonríe también, pero no mira a los flamencos. Alfonso mira a Kevin por la ventana. El halcón mira a Kevin también. Kevin mira a Alfonso y mira al halcón. Kevin ve que los ojos del halcón son muy negros y están enojados. Los ojos de Alfonso son muy similares a los ojos del halcón. Todo es muy raro. Kevin se pregunta: *«¿Alfonso me causó el problema con la cabeza y con los ojos?»*. En ese momento, Kevin tiene mucho miedo. Quiere correr y escapar.

Rápidamente, el halcón escapa de la mano de Alfonso y va hacia la ventana. El halcón mira a Kevin con ojos enojados y en ese momento, Kevin tiene otro problema con la cabeza. ¡Le duele mucho! Otra vez, Kevin no puede ver. Quiere correr, pero no puede moverse. ¡Está paralizado! ¡Qué terror! Kevin se imagina que escucha la voz de Alfonso: «*Te voy a matar³*». Kevin no sabe si es su imaginación o es la realidad. Él quiere gritar «*ayúdenme*», pero no puede hablar. Kevin tiene mucho miedo y entonces, está en silencio completo. Está inconsciente...

Por fin, Kevin abre los ojos. No es de noche, es de día. Kevin mira hacia la calle, y mira hacia la casa. Él no está enfrente de la casa de la música flamenca, ¡está enfrente de la casa de María Jesús!

Kevin se toca la nariz. Se mira la mano y ve sangre. Tiene sangre en la mano y hay sangre en la calle. Kevin se levanta. Está confundido y tiene miedo. No quiere entrar a la casa. No sabe si Alfonso está en la casa. Kevin mira por la ventana y no ve a Alfonso ni a María Jesús. Silenciosamente, Kevin entra a la casa y muy cansado, camina hacia su dormitorio.

**Estado: Kevin Fowler piensa que está en una película⁴ de terror.**

³*te voy a matar - I am going to kill you*
⁴*película - movie*

## Capítulo 7
## Las tres princesas bonitas

Kevin va a su dormitorio y se duerme. No quiere salir de su dormitorio porque no quiere ver a Alfonso. Por fin, Kevin sale de su  dormitorio. Ve a María Jesús, pero Alfonso no está. María Jesús no comenta la condición de la cara de Kevin. Kevin sabe que su cara se ve terrible[1] y se pregunta: «¿Quién…, o qué, me atacó?».

Kevin se va para la universidad, pero no ve a Alfonso. Kevin habla con Soraya pero ella no menciona a Alfonso. Kevin pasa mucho tiempo con

[1]se ve terrible - he looks terrible

Dylan porque no quiere estar en la casa cuando llegue Alfonso.

Por la noche, Kevin duerme, pero no duerme bien. Él imagina que Alfonso entra a la casa y lo mata. Kevin imagina que escucha: «*Te voy a matar*». ¿Es sólo su imaginación?

Cuando Kevin camina por la calle, imagina que ve a Alfonso y al halcón. Pero en realidad, Alfonso no está. Alfonso ha desaparecido[2].

Kevin no ha visto a Alfonso por tres días. Hoy es sábado. María Jesús no habla de Alfonso. Es una situación muy rara. Un día, Kevin va al refrigerador por una Coca-cola. Hay tres botellas en el refrigerador. En las botellas hay un líquido rojo. Kevin toma una de las botellas y lee SANGRE. Kevin quiere vomitar. ¿Por qué hay botellas de sangre en el refrigerador? Esta familia está loca. Kevin pone la botella en el refrigerador y María Jesús entra.

– Buenos días Kevin.

– Buenos días señora.

2*ha desaparecido - he has disappeared*

– Kevin, voy a preparar una comida muy
buena hoy. ¿Ves las botellas en el refrigerador?

Kevin no quiere responder. Piensa: *«Esta
mujer está loca»,* pero le responde:

– Sí, yo vi[3] las botellas.

María Jesús continúa:

– Es sangre.

– ¿¡SANGRE HUMANA!? –grita Kevin.

María Jesús se ríe y le dice:

– No chico, es sangre de animal. Voy a
preparar morcilla[4]. Es una especialidad
de Granada. Es deliciosa.

– Ah, deliciosa –Kevin le responde sarcásticamente–. Bueno, voy a mi dormitorio.
Voy a leer mi libro.

Disgustado, Kevin va a su dormitorio.

**Estado: Kevin Fowler piensa que no es normal
preparar la comida con sangre.**

[3]*vi - I saw*
[4]*morcilla - blood sausage*

Kevin toma su libro *'Cuentos de la Alhambra'* y lo lee. No lee rápidamente porque el libro está en español, pero lo comprende. Para Kevin, el libro es muy interesante:

### La leyenda de las tres princesas bonitas

Un rey moro quiere una esposa. Consulta a un astrólogo. El astrólogo le dice que él va a tener una esposa cristiana. Un día, el rey ve a muchos prisioneros que caminan. Uno de los prisioneros es una muchacha cristiana que es muy bonita. Cuando el rey ve a la muchacha, él sabe que ella es la muchacha perfecta para ser su esposa la reina.

La muchacha cristiana no quiere ser la esposa del rey, pero no tiene otra opción. Ella no puede decirle que «no». Ella es una prisionera. Es preferible ser una reina que una prisionera. La reina bonita tiene tres bebés, trillizas[5] idénticas, tres chicas muy bonitas. Se llaman Zorahayda, Zoraya, y Zayda. El rey quiere un chico, pero solo tiene tres chicas.

[5]*trillizas - triplets*

Cuando la reina tiene las trillizas, ella muere[6]. El rey consulta a un astrólogo. El astrólogo le dice: "Su Majestad, estas chicas son muy bonitas. Para un papá, las hijas bonitas causan muchos problemas y tres hijas bonitas causan muchos más problemas. Ahora no hay problema, pero cuando tengan quince años, va a ser necesario cuidarlas mucho".

Cuando las trillizas tienen quince años, el rey y las tres chicas salen de su casa y van a Granada. Hay una fortaleza en Granada que se llama La Alhambra. Las trillizas y su padre van caminando con sus sirvientes. Caminan mucho tiempo. El rey no permite que las personas, especialmente los hombres, miren a sus hijas. Si un hombre mira a una de las chicas, la consecuencia es la muerte[7].

Un día, ellos ven a unos soldados moros. Los soldados guardan a unos prisioneros cristianos. En el grupo de pri-

[6]*muere - dies*
[7]*la muerte - death*

sioneros, hay tres muchachos cristianos. Son trillizos idénticos. Tienen dieciséis años y son muy guapos.

El rey está furioso porque los soldados y los prisioneros miran a sus hijas. El rey quiere matar a todos con su espada. Levanta la espada, pero las tres princesas gritan: "Papá, ¡NO! ¡No mates a los muchachos!". En la confusión, las tres chicas revelan sus caras. Los tres chicos miran las caras de las chicas y al instante las chicas guapas capturan los corazones de los chicos. El rey ve las caras tristes de sus hijas. No mata a los soldados y no mata a los prisioneros. Un capitán habla con el rey y le dice: "Su Majestad, no es buena idea matar a los prisioneros. Son los hijos de un hombre español muy importante. Su padre es muy importante y tiene MUCHO dinero. Posiblemente, Su Majestad puede recibir mucho        dinero        por        los        chicos".

El rey piensa por un momento: "Bueno, no mato a los muchachos, pero ellos no pueden mirar ni hablar con mis hijas. Los muchachos tienen que trabajar mucho para mí. Pueden trabajar en mis jardines".

Todos continúan caminando y por fin, llegan

a La Alhambra, donde las chicas viven solas. Pasan muchos días y no ven a otras personas. Solo ven a una sirvienta; una mujer vieja que era la sirvienta de su mamá. Las chicas tienen un palacio bonito, ropa bonita, animales, flores y buena comida, pero las chicas están muy tristes y aburridas porque no hay otras personas. Las chicas quieren ver a los muchachos guapos, los prisioneros cristianos, pero no saben dónde están.

Un día, las chicas le dicen a la sirvienta vieja: "Por favor, necesitamos música. Estamos aburridas".

La sirvienta vieja sabe que los tres muchachos guapos trabajan en un jardín y que cantan y tocan la guitarra. La mujer vieja responde: "Los tres muchachos trabajan en un jardín aquí. Su música es increíble. Cantan muy románticamente".

Las tres chicas piensan en los tres chicos y sus corazones cantan: "bidi bidi bom bom". Una de las princesas, Zorahayda, dice: "Por favor, ¿podemos escuchar la música de los chicos?".

La mujer vieja tiene miedo del rey, pero quiere que las princesas estén contentas. La mujer

vieja va al guardia de los prisioneros y le da dinero. El guardia permite que los muchachos trabajen en otro jardín debajo de la ventana de las
princesas.

Cuando los muchachos están debajo de la
ventana, cantan y tocan la guitarra, y miran a las
princesas en la ventana. Por tres días, los
muchachos les cantan y les tocan música romántica a las princesas, pero las princesas están en
una prisión en La Alhambra.

Con las imágenes de las princesas, los muchachos cristianos, el rey y La Alhambra en la cabeza,
Kevin pone el libro en el suelo y se duerme.

# Capítulo 8
## ¿Quieres bailar?

Kevin duerme muy bien. Está durmiendo cuando escucha «Diiiin, diiiin». Es su teléfono celular. Dylan le manda un texto a Kevin. *«¡Es SÁBADO! ¿El Camborio? ¡Chicas guapas! A las 10».*

El Camborio es una discoteca. Dylan y Lucas van a bailar en El Camborio mucho. Dylan habla mucho de todas las chicas que quieren bailar con él. Dylan es un 'Don Juan[1]' americano. El

---

[1] *Don Juan - a "ladies' man"*

Camborio es una discoteca interesante porque se puede salir a una terraza[2] para ver La Alhambra de noche. Es impresionante.

Kevin sale para la discoteca y le dice *«adiós»* a María Jesús. Afortunadamente María Jesús no le ofrece morcilla. Kevin camina unos minutos y entonces, llega a la discoteca.

Kevin entra en la discoteca, pero no ve a Dylan ni a Lucas. No hay muchas personas en la discoteca porque sólo son las diez. Más personas llegan a las once o a las doce. Kevin se sienta en una mesa. A las once, Kevin ve a una chica con pelo negro. Ella está bailando con un grupo de chicas. ¡Es Soraya! Kevin decide invitar a Soraya a bailar.

> – ¡Hola, guapa!
>
> – ¡Kevin! ¡Hola! ¿Estás aquí con Alfonso?
>
> – No, no he visto a Alfonso en muchos días. Alfonso y yo no somos amigos exactamente. Pienso que Alfonso quiere matarme –responde Kevin.
>
> – ¡Kevin! ¡No hablas en serio! ¿Alfonso?

[2]*terraza - terrace*

¡Es un buen muchacho!

Kevin no quiere hablar más de Alfonso.

– ¿Quieres bailar conmigo? –le pregunta a
Soraya.

– ¡Sí! Me gusta mucho la música. Vamos a
bailar.

Kevin y Soraya bailan por cuarenta minutos.
Dylan le manda un texto a Kevin: «*¿Dónde
estás?*». Kevin no responde al texto. No le importa
Dylan ahora. Está con Soraya, están bailando, y
Alfonso, el idiota, no está.

Soraya dice:

– Kevin, vamos a la terraza. Podemos mirar
La Alhambra. Es muy bonita de noche.

Van a la terraza. La Alhambra es muy bonita.
Kevin dice:

– Estoy leyendo un libro ahora que se
llama *'Cuentos de La Alhambra'*. Hay
una leyenda de tres princesas que vivían
en La Alhambra.

Soraya no mira a Kevin. Mira al suelo y responde:

– Es sólo un cuento.

Soraya no habla más. Sólo mira La Alhambra. Tiene una cara muy triste en ese momento y Kevin no comprende por qué. Soraya le dice:

– Perdón, Kevin, pero voy a casa ahora.

Nos vemos[3] en la universidad. Adiós.

Kevin piensa que es un poco raro. Es la una. Las personas normalmente van a las casas a las cinco o seis de la mañana. ¿Está ofendida? Kevin piensa en Tanya. ¿Posiblemente Kevin ofende a todas las chicas? ¿Es un idiota que no sabe hablar con una chica?

Kevin sale de la discoteca y va a su casa. Está cansado pero no quiere dormir. Toma el libro y lee más:

Un día las tres princesas van a la ventana para ver a los muchachos y escuchar la música romántica. Los muchachos no están debajo de la

[3]nos vemos - We'll see each other (See you later)

47

ventana como siempre. Las chicas corren hacia la mujer vieja y le preguntan que dónde están los muchachos con las guitarras. La mujer vieja les dice: "Su padre llegó con mucho dinero para el rey. El rey aceptó el dinero y le dio[4] los muchachos a su padre. Ahora los muchachos van a su casa".

Las princesas están muy tristes. Van a su dormitorio y lloran. Lloran por tres días. Hablan con la mujer vieja. La mujer vieja les dice que hay una posibilidad. Los tres muchachos le ofrecieron dinero al guardia. Con el dinero las princesas pueden escapar de La Alhambra y ser las esposas de los muchachos.

Las princesas están muy contentas. Quieren escapar de la prisión de La Alhambra. Es un palacio bonito y elegante, pero es una prisión para las tres muchachas.

La noche del escape llega. Las princesas corren de La Alhambra. Pero una de las princesas, Zorahayda, no escapa porque tiene mucho miedo. Zoraya y Zayda escapan para tener una vida feliz, pero la pobre Zorahayda muere[5] en La Alhambra, triste y sola.

[4]*le dio - gave to him/her*
[5]*muere - s/he dies*

# Capítulo 9
## Una noche misteriosa

El lunes, Kevin va a la universidad. Habla con Dylan y Lucas y les pregunta:

– ¿Dónde estaban el sábado?

– Bailamos en la discoteca 'Diez'.
Decidimos que no queríamos bailar en
El Camborio –responde Dylan.

– Pues, yo bailé con Soraya.

– ¡Hombre! –grita Dylan–. ¡Tú eres el
hombre! ¿La besaste[1]?

– No.

– ¿Pero no la besaste? ¿Por qué? ¿Tenías
miedo?

– No, tonto, ¡no tenía miedo! –grita Kevin
con frustración.

– ¿Alfonso estaba en la discoteca?

– No. Era todo muy raro –explica Kevin–.
Ella y yo bailamos y todo estaba muy
bien. Pero cuando yo le hablé de un
libro, ella no quería hablar más. Ella
salió para su casa.

Dylan piensa por un momento y dice:

– En mi opinión, los libros son aburridos.
Es posible que ahora ella sepa[2] que tú
eres un hombre aburrido.

A Kevin no le gusta la opinión de Dylan, pero
«¿es posible que Dylan tenga razón[3]?».

---

[1] la besaste? - did you kiss her?
[2] sepa - know, find out
[3] tenga razón - he may be right

51

Por la noche, Dylan y Lucas van a la discoteca otra vez. Invitan a Kevin, pero Kevin no quiere bailar. Está de mal humor.

Kevin va a su dormitorio porque no quiere hablar con María Jesús. Se sienta en la cama y abre su Macbook. Mira en Facebook y ve que Tanya tiene un novio diferente ahora. Cuando lee eso, se pone de muy mal humor.

A las doce de la noche, Kevin está navegando en Internet, cuando escucha la puerta. ¡Criiiiic! ¿Es Alfonso? Kevin no quiere más problemas con Alfonso, pero también tiene mucha curiosidad. Decide salir para investigar.

Kevin sale silenciosamente. ¡Criiiiic! ¡Puerta estúpida! Ve que Alfonso camina por la calle en dirección a la discoteca El Camborio. Probablemente va a bailar con Soraya. Kevin piensa: *«Soy tonto. Soy idiota. Soraya no me quiere. Quiere a un muchacho como Alfonso. Él es más guapo que yo, y más inteligente»*.

Alfonso no entra en El Camborio. Camina en

dirección a La Alhambra. Kevin ve La Alhambra. Kevin piensa en la pobre Zorahayda.

Cuando Alfonso llega a La Alhambra, Kevin ve que hay una chica en una ventana de La Alhambra. ¡Es Soraya! Soraya está en La Alhambra. Pero, ¿Cómo es posible? No permiten que las personas entren en La Alhambra por la noche. El halcón de Alfonso está en la ventana con Soraya. ¡Qué raro!

Alfonso no entra en la estructura. Mira a Soraya, que está en la ventana, y sonríe. En ese instante, Alfonso levanta la mano y su halcón le llega. Alfonso toma una rosa de una planta en el jardín, le da la rosa al halcón, y el halcón va a la ventana. El halcón se sienta con Soraya y le da la rosa. Kevin ve que la ropa de Soraya es diferente. Es ropa vieja. ¿Qué pasa? ¡Es una situación loca! ¿Por qué está Soraya en La Alhambra por la noche con ropa vieja? ¿Por qué le da una rosa Alfonso?

Pero la situación se pone más rara[4]. ¡Alfonso canta! Le canta románticamente a Soraya. Ahora

---

[4]*se pone más rara - becomes more strange*

Soraya tiene una cara muy triste. Kevin ve que Soraya está llorando y piensa: « ¿Por qué está llorando Soraya? ¿Por qué no sale ella de ahí?».

Kevin quiere ayudar a Soraya, pero en ese instante sus ojos se conectan con dos ojos enojados. Los ojos de Kevin se conectan con los ojos del halcón de Alfonso. Kevin siente un terror inexplicable. El halcón grita y Kevin no puede ni hablar ni moverse.

Alfonso ya no canta. Sólo mira a Kevin y sus ojos son más negros que la noche. En ese instante, la cabeza le duele mucho y Kevin siente una presencia misteriosa cerca de él, en el jardín.

# Capítulo 10
## Las dos Sorayas

Kevin está en el jardín y está paralizado de miedo. Está solo en el jardín, pero no se siente solo. Kevin mira las rosas y escucha intensamente. ¡¿Quién está en el jardín?! De repente[1], Kevin siente un dolor fuerte en la cabeza. Él dice con voz de desesperación: «Uy..., ayúdame...». Kevin escucha un sonido raro y presta atención. El jardín de rosas se convierte en un jardín de la muerte. Ahora las rosas son negras, están muertas. Hay un líquido

[1] de repente - suddenly

rojo que sale de las rosas. ¿Es sangre?

La situación es intolerable y ¡Kevin está aterrorizado! Las rosas agarran a Kevin. Las rosas hacen sonidos, sonidos de serpientes: «*sssssss*». Ahora las rosas se convierten en serpientes y agarran a Kevin fuertemente. Kevin grita.

Una muchacha grita también. Kevin mira a la muchacha. No es Soraya la de la ventana de La Alhambra. ¡Es Soraya, pero está enfrente de él! No tiene ropa vieja. Tiene ropa moderna. Kevin mira a las dos Sorayas. Tiene mucho miedo y está muy confundido.

La Soraya "moderna" grita:

– ¡Alfonso, no!

– Voy a matarlo.

– ¡No!

– No tengo otra opción. Él sabe mis secretos.

Soraya está desesperada y le grita a Alfonso.

– No, Alfonso. Kevin es inocente. No
mates a un muchacho inocente. Mi
padre no te mató, y tú no puedes matar a
Kevin.

Kevin piensa: *«¿El padre de Soraya? ¿Matar a
Alfonso? Estoy en una situación loca».*

Alfonso está loco y agarra a Kevin. Lo agarra
por el cuello² y lo mira intensamente. Kevin no
puede respirar y Alfonso sonríe. Soraya grita.

– ¡No! Si tú matas a Kevin, tú sabes que
vas a continuar matando. Matar es una
adicción para nosotros. ¡No lo hagas³!

Kevin está aterrorizado. Grita:

– ¡Ayúdenme! ¡Policía! ¡Un loco quiere
matarme!

La Soraya que está en La Alhambra grita
ahora:

²*cuello - neck*
³*no lo hagas - don't do it*

– ¡Alfonso! Por favor, no mates al chico.
Matar al chico no va a resolver nuestros
problemas.

Alfonso mira a la chica en La Alhambra. La
Soraya "moderna" le dice a Kevin:

– Vamos, Kevin.

Soraya agarra la mano de Kevin y los dos
corren. Alfonso no los mira y no corre. Alfonso
mira a la chica que está en La Alhambra. Mira a la
chica como si estuviera[4] en trance hipnótico.
Soraya y Kevin corren a una plaza pequeña y se
sientan. Soraya le toma la mano y le dice a Kevin:

– ¿Estás bien, Kevin?

– Sí –responde Kevin, un poco nervioso.

La situación es increíblemente rara, pero a
Kevin le gusta que Soraya esté tocando su mano.

– Soraya, ¿Qué…? ¿Cómo…? No comprendo…

Kevin está muy confundido y frustrado. No
sabe qué preguntar. Necesita una explicación.

– Kevin –le dice Soraya–, es una historia

[4]como si estuviera - as if he were

increíble. La leyenda de tu libro… no es
una leyenda. Es la historia de mi familia.
La chica de La Alhambra…

Kevin interrumpe.

– ¡Sí! ¡La muchacha de La Alhambra! ¡Eres
tú!

Kevin piensa por un momento. Entonces,
exclama:

– ¡Tú no te llamas S-O-R-A-Y-A, te llamas
Z-O-R-A-Y-A!

– Exacto.

– Pero, no comprendo…la historia es del
pasado. Los moros salieron de Granada
en el año mil cuatrocientos noventa y
dos (1492).

– ¡Muy bien, Kevin! –Zoraya exclama– ¡Tú
sabes la historia de Granada! Yo tengo
seiscientos veintidós (622) años.

– ¡No es posible!

– Kevin, escúchame –responde Zoraya con
mucha paciencia–. Mi hermana
Zorahayda es la chica de La Alhambra.

Ella no escapó con Zayda y conmigo.
Ella tenía mucho miedo de salir por la
ventana y no salió. Ella está muerta
ahora. No podía vivir tan triste. Mi hermana es un espíritu. No puede escapar
de La Alhambra. Mi padre, el rey, no permite que escape.

Kevin se pone triste cuando escucha a Zoraya.

– ¿Tú hermana se murió?

– Sí. Mi hermana no escapó. Ella se murió
porque estaba muy triste. Cuando mi
padre vio a mi hermana muerta, se suicidó. Ahora, los espíritus de mi hermana y
de mi padre están en La Alhambra para
siempre. Mi padre tiene a mi hermana
atrapada.

– ¿Y tú? ¿Estás muerta? ¿Eres un espíritu?
–pregunta Kevin.

– No exactamente. Alfonso y yo somos
inmortales. Ni estamos muertos ni estamos vivos. Cuando Alfonso y yo escapamos de La Alhambra, unos soldados de
mi padre atacaron a mi grupo. Un solda-

do me atacó con su espada y atacó a
Alfonso. Nos salió mucha sangre, y estábamos casi muertos. Estuvimos en condición crítica. Mataron a mi novio,
Alejandro, el hermano de Alfonso. Una
mujer vieja nos ayudó. Fuimos[5] con ella
al Sacromonte, y entramos en una cueva.
En la cueva, la mujer nos salvó. Ella no
era doctora, pero nos ayudó con una
poción. Nos convirtió en inmortales. No
podemos[6] morir, y no podemos vivir.

– Y, ¿dónde están tu otra hermana y el otro
hermano de Alfonso?

– ¿Zayda y Alfredo? Es una historia feliz.
Ellos escaparon con vida. Vivieron muy
contentos y murieron viejos con seis
hijos.

Kevin ve que ahora Zoraya y él están enfrente
de la casa de Kevin. Kevin mira su teléfono celular
y ve que son las cinco de la mañana.

---

[5]*fuimos - we went*
[6]*no podemos - we can't*

– Es una historia increíble. ¿Podemos hablar más?

– Ahora, no. Alfonso me necesita. Tengo que consolarlo. Él no puede aceptar que Zorahayda esté atrapada. Es una situación difícil, como puedes imaginar. Podemos hablar más otro día. Buenas noches, Kevin. Tú eres un muchacho increíble.

Zoraya le da un beso a Kevin en la cara. Kevin se toca la cara. Piensa que Zoraya es increíble también. Es la chica perfecta…, pero Kevin no sabe si puede tener un futuro con una muchacha inmortal. Lo que sí sabe es que quiere ver a Zoraya otra vez.

**Estado: Kevin Fowler realmente necesita visitar a un psiquiatra. Está completamente loco.**

## Capítulo 11
## La noche final

Al día siguiente, Kevin y Dylan entran en la clase de literatura española. Alfonso y Zoraya no llegan a la clase. Kevin le explica la situación rara a Dylan, pero Dylan piensa que Kevin está loco.

Kevin no ve a Alfonso todo el día. Por la noche, Alfonso no llega a la casa y Kevin decide hablar con María Jesús:

– ¿Señora?

– Sí, Kevin, siéntate. ¿Quieres comer?

– No, gracias, no tengo hambre. Tengo una pregunta.

María Jesús sonríe y le responde.

– Sí, dime.

– ¿Era Ud. la mujer que ayudó a Zoraya y a Alfonso cuando los soldados les atacaron?

María Jesús está sorprendida.

– ¿Cómo sabes esta historia?

– Zoraya me explicó la situación una noche. Pero ahora Zoraya no va a clase y Alfonso no viene a casa.

– No, Alfonso no viene a casa ahora. Pero un día...

María Jesús mira por la ventana.

— ¿María Jesús? –pregunta Kevin–. ¿Ud.
ayudó a Zoraya y a Alfonso?

María Jesús tiene cara de confusión.

— ¿Quiénes son Zoraya y Alfonso? –le responde.

Es obvio que María Jesús, o no quiere responder, o está completamente loca. Kevin no le pregunta más.

Por el resto del semestre, Zoraya no va a clase,
Alfonso no está en la casa, y María Jesús no menciona a Alfonso más.

El final del semestre llega y Kevin y Dylan tienen que salir para Michigan. En la noche final,
Kevin está en su dormitorio, empacando la ropa.
Mira el libro Cuentos de la Alhambra. Ahora es un
libro muy especial. Kevin mira el libro. Mira La
leyenda de las tres princesas. En el libro, hay unos
pétalos de rosa. Toma los pétalos y ve que hay una
nota en el libro también. La nota dice:

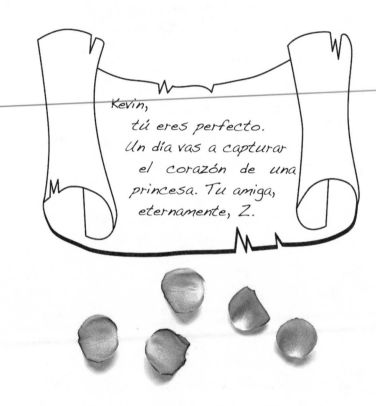

**Kevin,**

**tú eres perfecto.**

**Un día vas a capturar**

**el corazón de una**

**princesa. Tu amiga,**

**eternamente, Z.**

***Estado: Kevin Fowler tiene una vida muy inte-resante.***

# Glosario

## A

**a -** to
**abordan -** they board
**abordar -** to board
**abre -** s/he opens
**abril -** April
**aburrida(s) -** bored
**aburrido(s) -** bored
**aceptar -** to accept
**aceptó -** s/he accepted
**adicción -** addiction
**adiós -** goodbye
**admiran -** they admire
**admitirlo -** to admit it
**adónde -** to where
**adulto -** adult
**aeropuerto -** airport
**afortunadamente -** fortunately
**agarra -** s/he grabs
**agarran -** they grab
**agosto -** August
**agricultura -** agriculture
**agua -** water
**ahí -** here
**ahora -** now

**al -** to the
**americano(s) -** American(s)
**amiga(s) -** female friend(s)
**amigo(s) -** friend(s)
**anciana -** ancient, old
**animal(es) -** animal(s)
**año(s) -** year(s)
**antipático -** mean
**aquí -** here
**astrólogo -** astrologer
**ataca -** s/he attacks
**atacar -** to attack
**atacarte -** to attack you
**atacaron -** they attacked
**atacó -** s/he attacked
**atención -** attention
**aterrorizado -** terrified
**atlántico -** Atlantic
**atlético -** athletic
**atrapada -** trapped
**autor -** author
**avión -** airplane
**ayuda -** s/he helps
**ayúdame -** help me
**ayudar -** to help
**ayudarle -** to help him/her
**ayudas -** you help

**ayúdenme -** help me

**ayudó -** s/he helped

# B

**baila -** s/he dances

**bailamos -** we dance

**bailan -** they dance

**bailando -** dancing

**bailar -** to dance

**baile -** dance

**bailé -** I danced

**barrio -** neighborhood

**bebés -** babies

**besa -** s/he kisses

**besar -** to kiss

**besaste -** you kissed

**beso -** I kiss

**beso(s) -** kiss(es)

**bestia -** beast

**bien -** fine, well

**blanco/a -** white

**bocadillo -** sandwich

**bonita(s) -** pretty

**bonito -** pretty

**botella(s) -** bottle(s)

**buena(s) -** good

**bueno(s) -** good

# C

**cabeza -** head

**café -** café, coffee

**cafeína -** caffeine

**calle -** street

**calmarse -** to calm down

**cama -** bed

**cambiado -** changed

**camina -** s/he walks

**caminan -** they walk

**caminar -** to walk

**caminas -** you walk

**cancha -** court (sport)

**cansa -** s/he gets tired

**cansado(s) -** tired

**cansan -** they get tired

**canta -** s/he sings

**cantan -** they sing

**capitán -** captain

**captura -** s/he captures

**capturada -** captured

**capturan -** they capture

**capturar -** to capture

**capturó -** s/he captured

**cara -** face

**caras -** expensive

**carne -** meat

**casa(s) -** house(s)

**casi -** almost
**causan -** they caused
**causó -** s/he, it caused
**celebrar -** to celebrate
**celular -** cellular
**cerca -** near, close
**cereales -** cereal
**chica(s) -** girl(s)
**chico(s) -** boy(s)
**choca -** crash, collision
**chocolates -** chocolates
**cinco -** five
**ciudad -** city
**ciudades -** cities
**clase(s) -** class(es)
**club -** club
**come -** s/he eats
**comemos -** we eat
**comenta -** s/he comments
**comer -** to eat
**comete -** s/he commits
**comida -** food
**comiendo -** eating
**comió -** s/he ate
**como -** how
**cómo -** how
**completamente -** completely
**compra -** s/he buys

**comprende -** s/he understands
**comprendo -** I understand
**computadora(s) -** computer(s)
**con -** with
**condición -** condition
**conectan -** they connect
**conejo -** rabbit
**confundido/a -** confused
**confusa -** confused
**confusión -** confusion
**conmigo -** with me
**consecuencia -** consequence
**consolarlo -** to console him
**consulta -** s/he consults
**contenta(s) -** content, happy
**contento(s) -** content, happy
**contesta -** s/he answers
**contigo -** with you
**continúa -** s/he continues
**continúan -** they continue
**continuar -** to continue
**contra -** against
**convierte -** s/he converts
**convierten -** they convert
**convirtió -** s/he converted
**corazón(es) -** heart(s)
**corre -** s/he runs run

*Glosario*

**corren -** they run
**correr -** to run
**costumbre -** custom
**cristiana -** Christian
**cristianos -** Christians
**crítica -** critical
**cuando -** when
**cuarenta -** forty
**cuatrocientos -** four hundred
**cuello -** neck
**cuento -** story
**cuentos -** stories
**cueva -** cave
**cuidarlas -** to take care of them
**curiosidad -** curiosity

# D

**da -** s/he gives
**dale -** give to her/her
**de -** of, from
**de repente -** suddenly
**debajo -** under
**decide -** s/he decides
**deciden -** they decide
**decidimos -** we decide
**decirle -** to say to him/her
**del -** of the, from the
**deliciosa -** delicious
**delicioso -** delicious

**desaparece -** s/he disappears disappear
**desaparecido -** disappeared
**desapareció -** s/he disappeared
**desastre -** disaster
**desesperación -** desperation
**desesperada -** desperate
**desordenado -** not in order, disorganized
**después -** after
**destruir -** to destroy
**día -** day
**días -** days
**dice -** s/he says
**dicen -** they say
**diciembre -** December
**diecinueve -** nineteen
**dieciséis -** sixteen
**dientes -** teeth
**diez -** ten
**diferente -** different
**difícil -** difficult
**dime -** tell me
**dinero -** money
**dio -** s/he gave
**dirección -** address
**directamente -** directly
**discoteca -** night club; dance club

**disgusta -** s/he, it disgusts disgust

**disgustado -** disgusted

**distancia -** distance

**divorciados -** divorced

**divorcio -** divorce

**dobles -** doubles

**doce -** twelve

**doctora -** doctor

**dolor -** pain

**don -** Mr.

**donde -** where

**dónde -** where

**dormir -** to sleep

**dormitorio -** bedroom

**dos -** two

**duele -** it hurts

**duerme -** s/he sleeps

**duermes -** you sleep

**duermo -** I sleep

**durante -** during

**durmiendo -** sleeping

# E

**él -** he

**el -** the

**elegante(s) -** elegant

**ella -** she

**ellos -** they

**empacando -** packing

**en -** in

**enfrente de -** in front of

**enojada -** angry

**enojado(s) -** angry

**enorme(s) -** enormous

**entonces -** then

**entra -** s/he enters

**entramos -** we enter, we entered

**entran -** they enter

**entrar -** to enter

**entren -** they enter

**era -** s/he, it was

**eres -** you are

**errores -** errors, mistakes

**es -** s/he, it is

**esa -** that

**escapa -** s/he escapes

**escapamos -** we escape, we escaped

**escapan -** they escape

**escapar -** to escape

**escaparon -** they escaped

**escape -** escape

**escapó -** s/he escaped

**escribe -** s/he writes

**escriben -** they write

**escribió -** s/he wrote

**escucha -** s/he listens

**escúchame -** listen to me

**escuchan** - they listen
**escuchar** - to listen
**escuches** - you listen
**escuela** - school
**ese** - that
**eso** - that
**espada** - sword
**especial** - special
**especialidad** - specialty
**especialmente** - especially
**espíritu(s)** - spirit(s)
**esposa** - spouse, wife
**esposas** - spouses, wives
**esposo** - spouse, husband
**está** - s/he, it is
**esta** - this
**estaba** - s/he, it was
**estábamos** - we were
**estaban** - they were
**estado(s)** - state(s)
**estamos** - we are
**están** - they are
**estar** - to be
**estas** - these
**estás** - you are
**esté** - s/he, it is
**este** - this
**estén** - they are
**estoy** - I am

**estructura** - structure
**estudia** - s/he studies
**estudiante** - student
**estudiar** - to study
**estudio** - I study
**estúpida** - stupid (very strong, offensive)
**estuviera** - s/he, it was
**estuvimos** - we were
**eternamente** - eternally
**exactamente** - exactly
**exacto** - exact
**excelente** - excellent
**exclama** - s/he exclaims
**excusa** - excuse
**experto** - expert
**explica** - s/he explains
**explicación** - explanation
**explicó** - s/he explained
**exploran** - they explore
**explorar** - to explore

# F

**familia** - family
**familiar** - familiar
**familias** - families
**famosa** - famous
**fantasía** - fantasy

**fantástica** - fantastic
**fea** - ugly
**feliz** - happy
**fenomenal** - phenomenal
**fiestas** - parties
**fin** - end
**final** - end
**flamenco(a)** - Spanish style of music and dance
**flores** - flower
**fortaleza** - fort
**fotos** - photos
**frágil** - fragile
**frustración** - frustration
**frustrado** - frustrated
**fruta** - fruit
**fue** - s/he, it was; s/he, it went
**fuerte** - strong
**fuertemente** - strongly
**fuerza** - strength
**fuimos** - we went
**furioso** - furious
**futuro** - future

# G

**general** - general
**generalmente** - generally

**gitana** - gypsy; Romani person
**gracias** - thank you
**graduación** - graduation
**graduó** - s/he graduated
**grande(s)** - big
**grita** - s/he yells
**gritan** - they yell
**gritar** - to yell
**grupo** - group
**guapa(s)** - good-looking
**guapísimas** - extremely good-looking
**guapo(s)** - handsome
**guardan** - they guard
**guardia** - guard
**guitarra(s)** - guitar(s)
**gusta** - it is pleasing to
**gustan** - they are pleasing to
**gusto** - pleasure

# H

**habla** - s/he speaks
**hablan** - they speak
**hablando** - speaking, talking
**hablar** - to speak, to talk
**hablas** - you speak, talk
**hablé** - I spoke, talked

73

*Glosario*

**hables -** you speak, talk
**habló -** s/he spoke, talked
**hace -** s/he does, makes
**hacen -** they do, make
**haces -** you do, make
**hacia -** toward
**hagas -** you do, make
**hago -** I make
**halcón -** falcon
**halcones -** falcons
**hambre -** hunger
**hasta luego -** until later (see you later)
**hay -** there is, there are
**hermana -** sister
**hermanito -** little brother
**hermano -** brother
**hijas -** daughters
**hijo(s) -** son(s)
**hipnótico -** hypnotic
**historia -** history
**hola -** hello
**hombre -** man
**hombres -** men
**horas -** hours
**hoy -** today
**humana -** human
**humillar -** to humiliate
**humor -** humor

# I

**idea -** idea
**idénticas -** identical
**idénticos -** identical
**idiota -** idiot
**imágenes -** images
**imagina -** s/he imagines
**imaginación -** imagination
**imaginar -** to imagine
**imbécil -** imbecile; idiot
**importa -** s/he, it is important
**importante -** important
**impresionante -** impressive
**inconsciente -** unconscious
**increíble -** incredible
**increíblemente -** incredibly
**inexplicable -** inexplicable
**información -** information
**inmortal -** immortal
**inocente -** innocent
**inseparables -** inseparable
**instante -** instant
**inteligente -** intelligent
**intensamente -** intensely
**interés -** interest
**interesante -** interesting
**internet -** internet
**interrumpe -** interrupt

**interrumpiendo** - interrupting

**intolerable** - intolerable

**investigar** - to investigate

**invitan** - they invite

**invitar** - to invite

**ipod** - iPod

**ir** - to go

**ir(me)** - to leave; to go away

# J

**jamón** - ham

**jardín** - garden

**jardines** - gardens

**juega** - s/he plays

**juegan** - they play

**juegas** - you play

**juego** - I play

**jugar** - to play (a game or sport)

**julio** - July

**junio** - June

# L

**la(s)** - the

**le** - (to) him/her

**lee** - s/he reads

**leer** - to read

**les** - them

**levanta** - s/he gets up

**leyenda** - legend

**leyendo** - reading

**libro(s)** - book(s)

**limusina** - limousine

**líquido** - liquid

**literatura** - literature

**llama** - s/he calls

**llamado/a** - called

**llaman** - they call

**llamar** - to call

**llamas** - you call

**llamo** - I call

**llega** - s/he arrives

**llegan** - they arrive

**llegó** - s/he arrived

**llegue** - s/he arrives

**lloran** - they cry

**llorando** - crying

**llorar** - to cry

**lo** - it

**loco(a)** - crazy

**locos** - crazy

**los** - the

**lunes** - Monday

# M

**majestad -** majesty

**mal(o) -** bad

**mamá -** momma, mom

**mañana -** tomorrow

**manda -** s/he sends

**mano(s) -** hand(s)

**más -** more

**mata -** s/he kills

**matando -** killing

**matarlo -** to kill it

**matarme -** to kill me

**mataron -** they killed

**matas -** you kill

(no) **mates** – (don't) **kill**

**mato -** I kill

**mató -** s/he killed

**me -** me

**menciona -** s/he mentions

**mencionó -** s/he mentioned

**mensaje -** message

**mercado -** market

**mesa -** table

**mí -** me

**mi(s) -** my

**miedo -** fear

**miembro -** member

**mil -** thousand

**minutos -** minutes

**mira -** s/he looks at

**miraba -** s/he was looking at

**miran -** they look at

**mirando -** looking at

**mirándolo -** looking at it

**mirar -** to look at

**miren -** they look at

**misteriosa -** mysterious

**moderna -** modern

**momento -** moment

**monstruo -** monster

**montón -** pile

**morcilla -** blood sausage

**morir -** to die

**mortal -** mortal

**moverse -** to move

**muchacha(s) -** girl(s)

**muchacho(s) -** boy(s)

**mucho(s) -** many, much, a lot

**mucha(s) -** many, much, a lot

**muere -** s/he dies

**muerta(s) -** dead

**muerte -** death

**muerto(s) -** dead

**mujer -** woman

**murieron -** they died

**murió -** s/he died

**música -** music

**muy -** very

# N

**nada -** nothing
**nadie -** nobody, no one
**nariz -** nose
**navegando -** navigating, surfing (the internet)
**navidad -** Christmas
**necesario -** necessary
**necesita -** s/he needs
**necesitamos -** we need
**necesitan -** they need
**necesito -** I need
**negra -** black
**negro -** black
**nervioso -** nervous
**ni -** neither
**ningún -** none
**ninguna -** none
**no -** no
**noche(s) -** night(s)
**nombre -** name
**normal(es) -** normal
**normalmente -** normally
**nos -** we
**nosotros -** we
**nota -** s/he notes; notices

**notas -** notes, grades
**noventa -** ninety
**novia -** girlfriend
**noviembre -** November
**novio -** boyfriend
**nuestros -** our
**nueva -** new
**nuevo -** new
**número -** number

# O

**o -** or
**obvio -** obvious
**ocasión -** occasion
**océano -** ocean
**ocho -** eight
**octubre -** October
**ofende -** s/he offends
**ofender -** to offend
**ofendida -** offended
**ofrece -** s/he offers
**ofrecieron -** they offer
**ojos -** eyes
**once -** eleven
**opción -** option
**opinión -** opinion
**orden -** order
**otra(s) -** other(s), another

**otro(s)** - other(s), another

# P

**paciencia** - patience
**padrastro** - stepfather
**padre** - father
**padres** - parents
**paella** - Spanish dish made of rice and various meats and seafood
**palacio** - palace
**papá** - papa, dad
**papel** - paper
**papeles** - papers
**para** - for, in order to
**paralizado** - paralyzed
**parque** - park
**parte(s)** - part(s)
**pasa** - s/he, it passes; it happens
**pasado** - past
**pasan** - they pass; they happen
**pasando** - passing, happening
**pasaporte** - passport
**patinaje** - skating
**patineta** - skateboard

**pegó** - s/he hit
**película** - film, movie
**pelo** - hair
**pelota** - ball
**pequeña** - small
**pequeño** - small
**perdón** - pardon, sorry
**perfección** - perfection
**perfectamente** - perfectly
**perfecta** - perfect
**perfecto** - perfect
**perfume** - perfume
**permite** - s/he permits
**permiten** - they permit
**pero** - but
**persona(s)** - person(s)
**pétalos** - petals
**piensa** - s/he thinks
**piensan** - they think
**piensas** - you think
**pienso** - I think
**pirata** - pirate
**planes** - plans
**planta** - plant
**plaza** - plaza
**pobre(s)** - poor
**poción** - potion
**poco** - little
**podemos** - we are able

**podía** - s/he was able
**policía** - police
**pone** - s/he puts
**ponemos** - we put
**poner** - to put
**popular(es)** - popular
**por** - for
**por favor** - please
**por qué** - why
**porque** - because
**posibilidad** - possibility
**posible** - possible
**posiblemente** - possibly
**preferible** - preferable
**pregunta** - s/he asks
**preguntan** - they ask
**preguntar** - to ask
**preguntas** - you ask
**prepara** - s/he prepares
**preparar** - to prepare
**presencia** - presence
**presento** - I present (introduce)
**presidente** - president
**presta** - s/he lends
**princesa(s)** - princess(es)
**prisión** - prison
**prisionera** - prisoner
**prisioneros** - prisoners

**probablemente** - probably
**problema(s)** - problem(s)
**profesor(a)** - professor
**profesores** - professors
**psiquiatra** - psychiatrist
**puede** - s/he is able
**pueden** - they are able
**puedes** - you are able
**puedo** - I am able
**puerta** - door
**pues** - well

# Q

**que** - that, who
**qué** - what
**quería** - s/he wanted
**queríamos** - we wanted
**¿qué tal?** - how are you?
**quién(es)** - who
**quiere** - s/he wants
**quieren** - they want
**quieres** - you want
**quiero** - I want
**quince** - fifteen

# R

**rápidamente** - rapidly

**rapidísimo -** rapidly
**raqueta -** racquet
**rara(s) -** rare, strange
**raro(s) -** rare, strange
**realidad -** reality
**realmente -** really
**recibí -** I received
**recibir -** to receive
**refrigerador -** refrigerator
**reina -** queen
**relación -** relation
**relájate -** relax
**de repente -** suddenly
**resolver -** to resolve
**respira -** s/he breathes
**respirar -** to breathe
**responde -** s/he responds
**responder -** to respond
**resto de -** rest of
**revelan -** they reveal
**rey -** king
**ríe -** s/he laughs
**ríen -** they laugh
**rojo(a) -** red
**romántica(s) -** romantic
**románticamente -** romantically
**romántico(s) -** romantic
**ropa -** clothes

**rosa(s) -** rose(s)
**rural -** rural

# S

**sábado -** Saturday
**sabe -** s/he knows
**sabemos -** we know
**saben -** they know
**saber -** to know
**sabes -** you know
**saca -** s/he takes out
**sale -** s/he leaves
**salen -** they leave
**salieron -** they left
**salió -** s/he left
**salir -** to leave
**salvó -** s/he saved
**sangre -** blood
**sarcásticamente -** sarcastically
**satisfacción -** satisfaction
**sé -** I know
**secretos -** secrets
**según -** according to
**seis -** six
**seiscientos -** six hundred
**semestre -** semester
**señora -** ma'am, lady

**sensación -** sensation

**situación sentimental -** relationship status

**sepa -** s/he knows; I know

**septiembre -** September

**ser -** to be

**serio(s) -** serious

**serpientes -** serpents, snakes

**si -** if

**sí -** yes

**siempre -** always

**se sienta -** s/he sits

**se sientan -** they sit

**siéntate -** sit down

**siente -** s/he feels

**siesta -** nap

**sigue -** s/he follows

**siguiente -** following

**silenciosamente -** silently

**similar(es) -** similar

**sirve -** s/he serves

**sirvienta -** servant

**sirvientes -** servants

**situación -** situation

**situación sentimental -** relationship status

**sobre -** about

**soldado(s) -** soldier(s)

**sola -** only; alone

**solo -** only; alone

**solos -** alone

**soltera -** single

**somos -** we are

**son -** they are

**sonido(s) -** sound(s)

**sonríe -** s/he smiles smile

**sorprendida -** surprised

**sorprendido -** surprised

**sorprendió -** s/he, it surprised

**soy -** I am

**su(s) -** his, her

**suelo -** ground

**suficiente -** sufficient

**se suicidó -** s/he died by suicide

**superior -** superior

**supermercado -** supermarket

# T

**también -** also

**tampoco -** neither

**tan -** so

**taxi -** taxi

**teléfono -** telephone

**televisor -** television

**tener -** to have

**tenga -** s/he has

**tengan -** they have
**tengo -** I have
**tenía -** s/he had
**tenías -** you had
**tenis -** tennis
**tenista -** tennis player
**terraza -** terrace
**terrible(s) -** terrible
**terror -** terror
**texto(s) -** text(s)
**tiempo -** time
**tiene -** s/he has
**tiene razón -** is right
**tienen -** they have
**tienes -** you have
**típica -** typical
**toca -** s/he touches
**tocan -** they touch
**tocando -** touching
**toda(s) -** all
**todo(s) -** all
**toma -** s/he takes
**tomar -** to take
**tonto -** silly, dumb
**trabajan -** they work
**trabajar -** to work
**trabajen -** they work
**tradicional -** traditional
**tráfico -** traffic

**trance -** trance
**tres -** three
**trillizas -** triplets
**trillizos -** triplets
**triste(s) -** sad
**triunfo -** triumph
**trofeo -** trophy
**tú -** you
**tu -** your

# U

**Ud. -** you
**un(a) -** a; an; one
**un(o) -** a; an; one
**unidos -** united
**universidad -** university
**unos -** some
**usada -** used

# V

**va -** s/he goes
**valientemente -** valiantly, bravely
**vamos -** we go
**vampiro -** vampire
**van -** they go
**vas -** you go

**ve -** s/he sees
**vea -** s/he sees
**veinte -** twenty
**veintidós -** twenty- two
**vemos -** we see
**ven -** they see
**ventana(s) -** window(s)
**ver -** to see
**verdes -** green
**ves -** you see
una **vez -** one **time**
**vi -** I saw
**vida -** life
**vieja -** old
**viejos -** old
**viene -** s/he comes
**vio -** s/he saw
**visita -** s/he visits
**visitar -** to visit
**visitarlo -** to visit him/it
**visto -** seen
**vive -** s/he lives
**viven -** they live
**vivían -** they were living
**vivido -** lived
**vivieron -** they lived
**vivió -** s/he lived
**vivir -** to live
**vivo(s) -** alive

**vomitar -** to vomit
**voy -** I go
**voz -** voice

# Y

**y -** and
**ya -** already
**ya no -** anymore
**yo -** I

# Z

**zona -** zone